これが投資のスタンダード

20代・30代必読!!
インフレ時代を生き抜く

長期投資メンタル

さわかみ投信創業者
澤上篤人

河出書房新社

はじめに

今、世の中を見まわすと、猫も杓子も「投資をしよう」「投資をしなければ」と、大変な騒ぎになっています。

政府も「貯蓄から投資へ」というスローガンを掲げて、熱心に旗を振っています。みなさんも「つみたてNISA」などの言葉を耳にしたことがあるでしょう。

「どうやら税優遇があるらしい。おトクになるのなら投資をしなければ」と、気持ちがざわつきますね。国民の間で投資意欲が高まるように、政府は懸命にニンジンをぶら下げているのです。

その一方で、みなさんの頭の中では、いろいろな不安が渦巻いているのでは？

少子高齢化、老後不安、長生きリスク。その上、日本経済は低成長で、給料はなかなか増えてくれません。

そんなところへ、インフレがやってきました。食品や生活必需品の値段が、驚くほど上がっています。

虎の子のお金を銀行や郵便局に預けていても、ほとんど利息は付きません。

物価の上昇が目の前で起こっているのですから、生活を守るために投資をして、少しでも増やすことができたら……と願うのは自然な流れです。

とはいえ「投資のことがわからない」という人がたくさんいます。「やってみたいけど、やり方がわからない」「ギャンブルみたいで怖い」「元本が減るのではないか」など、あらゆる疑問が湧き上がっています。

また実際に「投資のようなこと」を始めたけれど、なかなかうまくいかない。将来に向けた財産づくりをしようとしたのに、大事に貯めてきた虎の子を減らしてしまった。そして「投資は難しい」「リスクが多い」と嘆く人が後を絶ちません。

なぜ、そういうことが起きるのか。それは**投資をする人の心のあり方、メンタルが大きく影響しています。**

この本を読んでくれているみなさんは、きっと日々、まじめに働いてお給料をもらい、その中で堅実に生活していると思います。苦労して長時間働いても、それほど給料は高くないかもしれない。昇給にも時間がかかります。

だからといって、ちょっと仕事をやったら、パパッと儲かったなどということは、ほぼあり得ないでしょう。

ところが投資となると、みなさんの頭の中がパッと切り替わります。突然、「すぐに儲かる」「うまく稼げる」などという妄想を抱いてしまう。

実際、そういう妄想を助長するような、うまい話を持ちかける人もいるのです。

マネー雑誌なども、パッと儲かるような話ばかりですよね。私は長期投資の世界で半世紀以上仕事をしていますが、パッと儲けるなんてものは決して「投資」ではないのです。

今、大切なお金の置き所として、預貯金だけでは心許《こころもと》ないと思うのは当然です。みなさんにぜひ、正しい「本物の投資」の世界に入って欲しい。

でも、その前にどうしても知って欲しいことがあります。

「投資」について、もっとも重要なこと、**基本的な考え方、心構え、メンタリティー。**これをしっかりと理解し、実践していただきたいのです。

これが身についたら、もう「投資」は怖いものでも、難しいものでもなく、人生の素晴らしい伴侶になってくれます。

本書を読み進めていくうちに、長期投資に向けたメンタルの準備ができていきます。その先では「本物の投資って、楽だな、簡単だな」と実感しながら、ゆったりとした財産づくりを進めていけるのです。

2023年夏　澤上篤人

これが投資のスタンダード

20代・30代必読!! インフレ時代を生き抜く

長期投資メンタル

目次

第2章 「投資」の概念を変える

第3章 生活者のための財産づくり

第4章　投資のリスクを小さくする方法

第5章 長期投資で社会を創っていく

第1章
そもそも「投資」とはなんだろう

1 インフレがお茶の間にやってきた

失われた30年とはなんだろう

昨年（２０２２年）あたりから、「インフレ」という言葉を耳にするようになりました。

日本では長らく、ぱったりと聞かれなかった言葉が、今では世界中を飛び回り、ついには日本にも押し寄せています。今年（２０２３年）に入って、消費者物価指数が４％も上がったというニュースを見聞きした人もいるでしょう。

電気料金も公共交通機関も食品も、あらゆるものが次々と値上げされています。生活コストが毎月アップする。これだけ物価が上がると、給料も上がってくれないと、とてもじゃないけどやっていけません。この先、どうなるんだろう。そんな不安が高まっていきます。これがインフレの怖いところです。

日本は、ちょっと前までデフレの時代で、物価は安定していたし、モノによっては価格が下がったり、100均で必要なものはなんでも手に入る暮らしでした。「安くていいいな」と思うけれども、その反面、給料はいっこうに増えない。1990年代に入ってから今日の今日まで、日本経済はまったく成長しなかったのです。

これが「失われた30年」と呼ばれる、なんとも口惜しい時代だったのです。

日本国内にいると気がつかないですが、世界の状況は大きく変わっています。中国をはじめ新興国の経済はものすごく成長し、人々はとても豊かになったのです。日本と同じ先進国であるアメリカやヨーロッパでも、この30年で経済規模が2~3倍になっています。もちろん人々の所得も2倍以上に伸びました。

ひとり日本だけが、低成長とジリ貧の経済にあえいでいます。海外旅行をすると、悔しい現実をいやというほど実感させられますね。欧米諸国はもちろん、アジアでもモノの値段が高くなり、日本人だけが貧しく、置いてきぼりなのです。これがデフレ経済の実態です。

デフレというのは、経済活動も、経済そのものも縮小していくこと。だから物価は上がらず、むしろ下がり気味になります。もちろん給料も上がらない。長い目で見ると、国全体がどんどん貧しく、沈んでいくのです。

さすがに、このままではマズイというのは政府や日本銀行もわかっていて、2％のインフレ達成を目指して、さまざまな政策を採ってきました。ゼロ金利とか、アベノミクスとか、あらゆる金融緩和政策を続けて、市中にお金をばらまいてきたのです。

その金額は、びっくりするほどすごかった。2013年4月からの約10年間で、963兆円（※日本経済新聞22年4月3日）。日本経済全体のおよそ2倍もの大金です。それだけ費やして、デフレ脱却と景気浮上を狙ったけれど、さっぱりダメだった。日本経済はぴくりとも動きませんでした。

ところが、去年（2022年）あたりから、突如としてモノの値段が上がり始めました。価格上昇の波はどんどん勢いを増し、ついに消費者物価指数が4％に。四十数年ぶりの物価上昇率です。

しかし、これは国の政策が実を結んだのではなく、あるいは日本経済が元気を取り戻したからでもありません。世界からインフレの波がドッと押し寄せ、日本に襲いかかってきたのです。

そもそも、このインフレはなぜ起こったのか

日々の生活に必要なものが、なにもかも値上げになって、不安を感じる人も多いでしょう。でもこの波は止まらないし、私たちは今日も明日も暮らしていかないといけないのです。

それなら、まず世界に広がっているインフレは、なぜ発生し、いつまで続くのか、この後、日本や世界の経済はどうなってしまうのか。この大きな流れをしっかりと確認しておきましょう。インフレの正体がわかれば、将来に向けての対処方法を考えることもできるのです。

インフレが起こった1つ目の理由は、世界経済のグローバル化が壁にぶち当たったことです。

１９５０年代から70年間、世界中が自由貿易体制を取るようになって、低コストで生産された工業製品はもちろん、農作物なども、どんどん海外に輸出されるようになりました。私たちは、いいモノが安く買えるから大満足で、インフレなき成長を楽し

んでいたわけです。

そうやって自由貿易が進んで、よいこともありましたが、困ったことも起きました。発端は超大国アメリカです。

アメリカではさまざまな製品を世界から輸入して消費をする一方、貿易赤字が大きく膨らみ、国内の雇用が奪われる状況になったのです。それでトランプ前大統領は自国第一主義を主張しました。アメリカの雇用を取り戻して、貧困対策を行うためにも、国内で工場をどんどん建設すべきだと言うのです。最大の輸入相手国は中国ですから、米中の貿易摩擦は一気に高まります。

中国などからの安い製品の輸入を減らして、人件費の高いアメリカ国内で生産をすると、製品価格は上がります。アメリカの消費者にとっては、大きなコスト負担になるのです。これがアメリカ国内のインフレのきっかけになります。

2つ目の理由は、世界の供給体制の分断です。

2020年に突如、新型コロナウイルスの問題が降ってきました。それから約3年間、世界各国は感染防止に必死で、都市封鎖(ロックダウン)や自宅待機、ステイホームに走りました。各国で人の動きが大幅に制限されたことで、世界の流通網や供給網がズタズタに分断され、海外からモノを輸入しようとしても、以前のようにはいきません。

国内で工業製品を作るため部品を輸入したいのに、費用がとんでもなく高くなったし、時間もかかります。いわゆるサプライチェーンの分断ということで、世界の経済にとって、大きなコストアップにつながります。経済の言葉で言うと**「コストプッシュインフレ」**です。

日本の場合、もともと石油や天然ガスなどのエネルギー資源や工業原材料、食料など、海外からの輸入に頼っている部分が大きいのです。輸入品の価格そのものが高騰しているし、さらに最近の円安で、以前より多くの円を支払わなければ輸入品が買えません。ますますインフレが進むというわけです。

3つ目の理由は、先進国とその他の国との争いです。

世界経済のグローバル化を進めてきたのは、先進国の大企業です。彼らは資金力があるので、新興国や途上国に出かけていって、工場を建て、農園を作り、開発投資を進めました。これらの国に住んでいる低賃金の労働者を最大限に活用し、安い工業製品や農作物を作り、世界に販売するのです。世界の消費者は「安い、安い」と喜んで買うので、世界企業はまさに大儲けしていたわけです。

でも、新興国、途上国で働く労働者にとっては、あまり楽しいことではありません。どの企業も生産コストをどんどん削ってくるので、工場や農園で働く人の給料は低く抑えられているし、ロボットを導入して機械化を進めているので、雇用も不安定です。期待したほど豊かになれず、消費も増えず、生産地国の経済は低成長。そこに世界インフレが大波のように押し寄せました。

日本と同じように、あらゆるものの物価が上がったので、とても食べていけない。社会が一気に不安定になってきました。賃金をもっと上げて欲しいという要求がどんどん高まり、それが世界的な賃上げ圧力になっています。

また、これ以上、先進国企業に富を収奪されたくないと、自国内にある資源の抱え込みを始め、それが資源価格、農産物価格の上昇につながります。こういった国々は、自国の権益を強くアピールして守ろうとするし、ナショナリズムを盛り上げ、世界経済のグローバル化にブレーキをかけようとします。それがコストプッシュインフレの要因になってくるのです。

このように、世界中で連鎖的にコストアップの火がついて、大きなインフレの炎になっているのです。

金融の世界に大嵐が吹いている

コストアップの嵐が吹き荒れ、インフレが燃え上がる世界に対して、さらに金融業界から、火に油を注ぐようなことが起きています。

市場にマネーをふんだんに供給すれば、経済は成長するという考え方があって、これを**「マネタリズム経済」**といいます。先進国を中心に、1980年代から、この考え方がどんどん広がり、金融緩和政策が本格化しました。

2007年にサブプライム・ローン問題、2008年にリーマンショックが起きて、世界中が一気に経済不安に陥った時、これをなんとかしようと各国政府はゼロ金利、マイナス金利という方法を取り始めました。史上空前の規模で、マネーをどんどん供給したのです。

お金を大量にばらまけば、インフレになるというのが経済の大原則です。お金の価値が下がり、同じ1万円を出しても、以前と同じようなものが買えなくなるのですね。

ところが最近まで、世界経済のグローバル化でモノの値段が下がり、金融を緩和しても、なかなかインフレは起きませんでした。そこでコロナ禍の時も、支援金や給付金など、いろいろな方法でマネーを供給しました。

しかし、いつまでも増やしすぎたお金が黙っているはずがありません。経済活動のあちこちから、インフレの火が燃え広がり始めました。


もうひとつの大問題は**貧富の差の拡大**です。

先進国を中心に異常なくらいの金融緩和政策をやって、お金をジャブジャブに増やしたのをきっかけに、世界の金融マーケットは大発展しました。金融資産を持っている一部の人々の富がすさまじい勢いで増えていきましたが、経済成長効果は出なかったので、大多数の人たちの低所得化が進んだのです。アメリカでも中産階級の没落が社会問題になってきています。

そこへやってきたのが、社会の急激なデジタル化です。デジタルは苦手だ、と思っている人たちが、どんどん低所得に追いやられ、彼らはお金がないから消費もできません。そんなところへインフレの大波が押し寄せてきたので、生活コストがますます上昇し、暮らしは苦しくなるばかりです。こういう人が多ければ、その国の経済も成長できないのです。

なんで円がこんなに安くなったのか

最近の急激な円安に驚いている人もいるかもしれません。２０１０年頃は1ドル約80円という時代もありましたから、ますます日本が弱くなっているという印象で、がっかりする人も多いかもしれません。

しかし、これは突然、日本経済が落ち込んだからというのではなく、金融の世界での出来事が大きく影響しています。

アメリカでは２０２１年の夏頃から「インフレがひどくなってきた！」という声が高まり、アメリカの中央銀行にあたるＦＲＢ（米連邦準備制度理事会）のパウエル議長が「政策金利を上げる」と決めました。それが２０２２年３月のことです。金利を上げると、企業や個人がお金を借りにくくなりますから、市場からお金が減っていきます。その結果、インフレが収まるという流れです。

それから２０２３年3月までの1年間で、アメリカの政策金利は４・７５％も上がりました。大変な急ピッチですが、「とにかくインフレを抑え込むんだ」とするアメリカ政府と金融当局の強烈な意思表示なのです。
ＥＵ圏内でもインフレが激しくなってきたので、ヨーロッパ中央銀行は２０２２年7月から政策金利を引き上げることにしました。ここでもインフレを抑え込むことを最優先課題にしているのです。

ところが、ひとり日本銀行だけは「金利は上げない」という行動を取っています。20年も前から続けている金融緩和政策を変えようとしないのです。「他の欧米諸国と比べると、日本のインフレはたいしたことはない。それより景気対策のために金融緩和を続ける」という判断のようです（実は、そう簡単に金利を上げられない日本の事情もあって、それはまたあとでお話しします）。

日本と欧米との金利の差は、すごいことになっています。たとえば10年物国債の利回りでみると、約３％もアメリカが高いのです（左ページ図表1参照）。お金を運用したいと考える人は、たくさんの金利をもらえるところに投資したくなります。日本で投資をしてもほとんど儲からないけど、アメリカならたくさん金利をもらえる。「アメリカの方がいいいな」となるのが当然です。

より高い金利を求めて、世界中を自由に動き回るのがマネーというものの本性です。

今、アメリカに向けて、日本からマネーがどんどん流れ出しています。つまり円を売って、ドルを買うという流れになるのです。その結果、円がどんどん安くなってしまうのです。

円安の一要因〔図表1〕

- 10年物国債の利回りで約３％の差があれば、より成長率の高い米国へ日本のマネーは向かって当然
- 米国への急激なマネーシフトで円安に

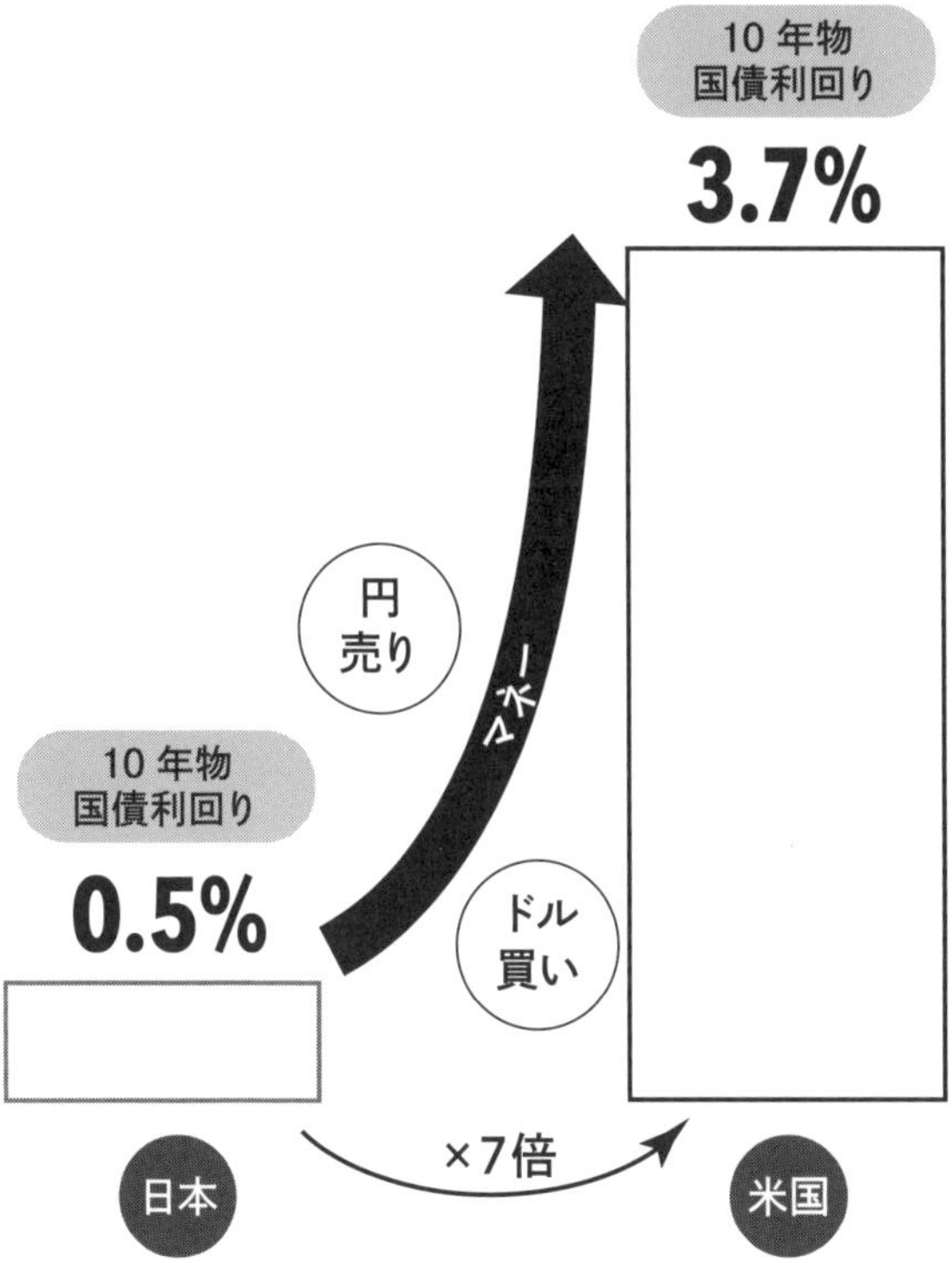

2 そもそも、どうして投資なのか？

未曽有の格差社会が到来

アメリカでは、ほんのひと握りの高所得者層が金融資産の半分以上を持っていると言われています。上位5％のお金持ちが、アメリカの富の60％を所有しているという統計もあるほどです。

かつてアメリカの豊かさの象徴のような存在だった中産階級の人たちの没落が社会問題になり、国民の多数が貧困層へと落ち込んでいます。

また残念ながら、日本でも似たような格差社会が生まれています。

ひと昔前までは、日本独特の終身雇用と年功序列の賃金体系が盤石で、サラリーマン天国と言われていた時代がありました。奇跡とも言われた日本経済の高成長に乗って、日本人の生活は素晴らしく向上したのです。

世界でもっとも成功した社会主義国と言われるほど、みんなが豊かになり、その恩恵は全国各地の片田舎まで行き渡りました。企業でも、社長と平社員の給料格差は5〜7倍程度。欧米では20〜50倍という格差が当たり前ですから、とても平等な社会だったのです。

ところが、**この30年で日本社会は大きく変わってしまいました。**

低所得で苦しむシングルマザー、親の介護で仕事を辞め、安定した収入を失ってしまった介護難民。さまざまな環境での生活苦が、毎日のように報道されています。

会社員の間での格差問題もあります。正社員、つまり正規雇用の人に対して、非正規雇用者の待遇はどうでしょうか。仕事内容はそれほど変わらないのに、給料もボーナスも、雇用の安定もすべてが異なり、大きな格差が生まれています。

今、30代、40代のサラリーマンにとって、社会人になってこの方、ずっとジリ貧と経済停滞の中で暮らしています。社会全体の貧困化と格差拡大が、当たり前の日常ですから、未曾有の格差社会という言葉も「仕方がない」という雰囲気で、案外すんなり受け入れてしまっているのです。

長生きリスクも不安の種に

今の日本では、本当ならおめでたい**「長生き」も、リスクになってしまう社会**です。このリスクにはふたつの側面があって、ひとつは健康面、もうひとつは金銭面です。健康面については、日頃から体に気をつけて、元気な老後生活を送りたいと願っている人が多いと思います。食生活に気をつけ、スポーツをするなど、それなりの努力をしている人が少なくないと思います。一方、もうひとつのリスクである金銭面は、今、たくさんの人が迷ったり、悩んだりしている分野です。

「老後に向けて、これだけの金融資産があれば安心です」などという話をよく耳にしますが、実際はそんなに簡単な話ではありません。

最近は人生100年時代と言われていて、仮に65歳で定年になって年金生活に入ると、残りが35年間もあります。この長い時間を年金と手持ちの金融資産で暮らしていくことになると、なかなか難しい。35年の間に年金財政が逼迫《ひっぱく》すると、年金の受取額の減額もあり得ます。すると、金融資産の取り崩し額を増やさなければ、生活レベルを維持できません。

いざ資産の取り崩しを始めると、金融資産残高はみるみる減っていきます。その金額を見る度に「長生きリスク」を実感するはめになるのですね。もちろん3億円、5億円という資産を持っていたら、多少の取り崩しにも充分耐えられますが、問題はどうやって億単位の資産を築くか。そう簡単には実現しません。

また**金銭面での長生きリスクのナンバーワンがインフレ**です。昔からインフレの最大の被害者は年金生活者と定番のように言われています。物価は急激にアップするのに、年金の受取額は上がらなくて、生活が苦しくなるという図式です。また虎の子の預貯金資産もインフレ到来で価値が下がり、「買う力」もガクッと落ちてしまいます。

投資というものを知らない国

格差社会、年金不安の話をしたので、「では投資をしよう」という話になりそうですが、その前にちょっと考えて欲しいことがあります。

最近は国を挙げて、「貯蓄から投資へ」と旗を振り、ネコも杓子も「投資をしなければ乗り遅れる」と言わんばかり。これまでにない勢いが日本社会に広がっています。確かに、そんな気持ちにさせられるほど、日本経済や社会は不安でいっぱいです。

これまで庶民の財産づくりの柱となっていたのが、預貯金です。安全確実で元本は保証。こんな安全なものはないと思っていたけれど、これだけではどうにもならないのがはっきりしてきました。

預貯金（普通預金）の利子は年0・001%という低さですから、預けたお金が2倍になるのに、1万年もかかります。何年預けてもほとんど増えない預貯金に大切なお金を寝かせておくより、余裕資金があれば投資をしようと思うのは、ごく普通の発想でしょう。

ところが**「私は投資で老後不安を一掃し、年金不安からも解放されました」という成功例は、さっぱり聞こえてきません。**1990年代半ばから預貯金の利子はがた落ちで、投資が必要だと言われてから早30年近くが過ぎているというのに。

身近に投資で幸せになっている先輩がたくさんいれば、「あの人たちに習って、投資をしておこう」と、若い世代が動き出し、続々と成功予備軍が誕生しそうです。で

預貯金では、財産を減らすだけ〔図表2〕

■ 高度成長期は、財産の目減りに気がつかずに済んだ

↓ それだけ所得の伸びが大きかった

■ 成熟経済では所得の伸びが鈍化し、貯蓄の食い潰しが現実になっていく

↓ 預貯金では財産づくりにはならないことを、否応なしに認識させられる

■ これからは、「お金にも働いてもらわなくては」が常識となる

預金の構造

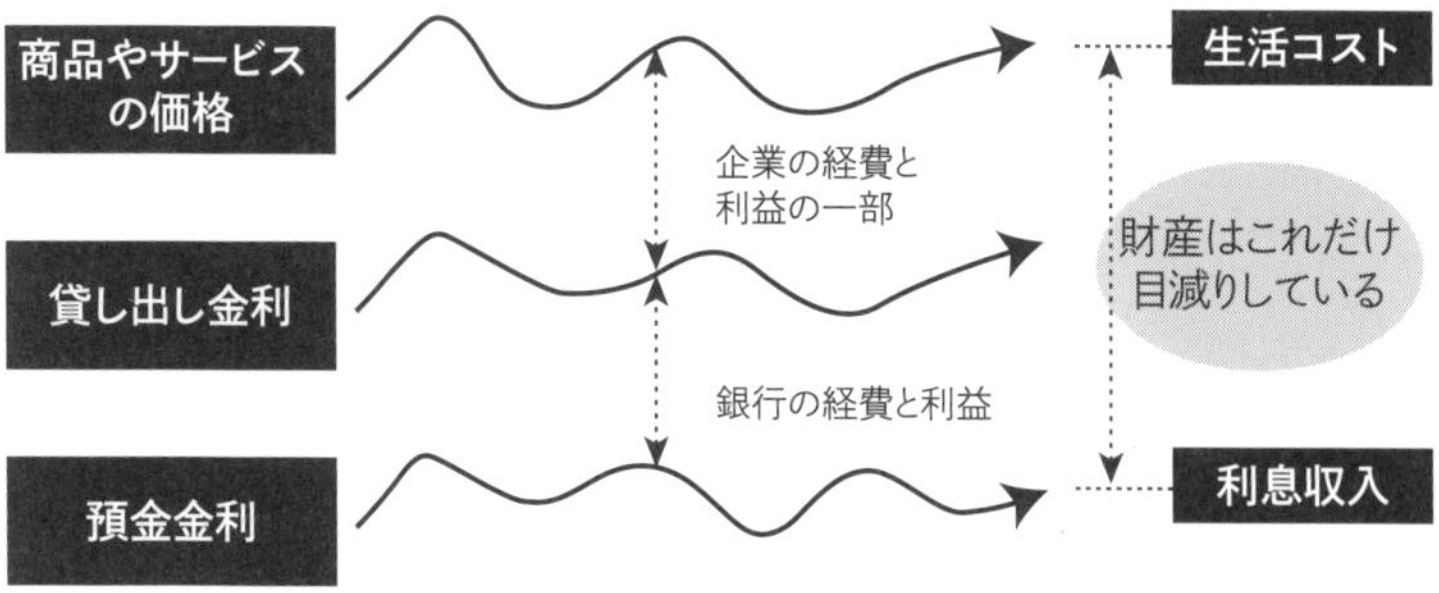

も、実際はそうなっていない。なぜなのでしょうか？

その前に、ちょっと脱線しましょう。

高度成長の頃、日本の金利は今よりずっと高めでした。預貯金の利回りが7％とか8％という時代もあって、預貯金に預けておくと、10年ぐらいで2倍になってしまうのです。それで、預貯金は財産づくりの大事な柱だという考え方が定着しました。

ところが、預貯金では財産づくりにはならないのです。前ページの図表2を見てもらうと、よくわかると思います。私たちが購入する商品やサービスには、提供する企業の経費と利益が含まれています。また企業は銀行からお金を借りていますから、貸し出し金利を支払わなければなりません。貸し出し金利の中には、銀行の経費と利益が入っています。

それらをすべて差し引いたものが、利息収入として、預貯金をしている人の元に分配されます。普段の生活で商品・サービスを買うと、企業の利益と銀行の利益の両方を支払っていることになるので、預貯金は目減りしていくのです。

これが預貯金の構造です。

ちなみに、1952年から1989年までの37年間の株価収益率は年20・2％なのです（日本証券経済研究所調べ）。高度成長期の頃、預貯金よりも株式投資をしていた方が、はるかに成績がよかったのです。

親の時代は、投資など考える必要はなかった

１９８０年代までの日本経済は、世界の誰もがうらやむほどの高成長を続けていました。国民の生活もどんどん豊かになったのです。

物質的な豊かさだけでなく、世界でも例のない終身雇用制度が定着していて、日本人の誰もが55歳の定年まで安心して働けました。その上、年功序列の賃金体系がしっかりと会社員を支えています。新入社員で会社に入ってから定年を迎えるまで、給料は毎年、着実に上がってくれる。どの社員も長く働けば働くほど、毎月の給料が高くなっていく仕組みです。

もうひとつプラスして、世界に例のない毎年のベースアップ制度というものもありました。会社と労組が話し合って、全社員の基本給が何％か上がるのです。年功序列&ベースアップがペアになって、基本給そのものが毎年着実に上がっていったのです。今では信じられないような、至れり尽くせりの待遇です。

こんなに恵まれているのだから、「老後のために投資をしよう」などと考える必要

日本経済の高度成長期は、預貯金中心で十分だった〔図表3〕

かつては

- ■ まじめに働いていれば、給料はどんどん増えていったし、会社が定年後の職場も世話してくれた
- ■ 定収入がある間に子供は独立し、住宅ローンも払い終えた
- ■ 残るは老夫婦の生活だけ
- ■ 持ち家はあるし、年金も確実にもらえた
- ■ ささやかな貯蓄さえあれば、もう十分だった
- ■ 高度成長で預貯金の金利も高かった
- ■「余ったお金は預貯金に」が、財産づくりの柱だった

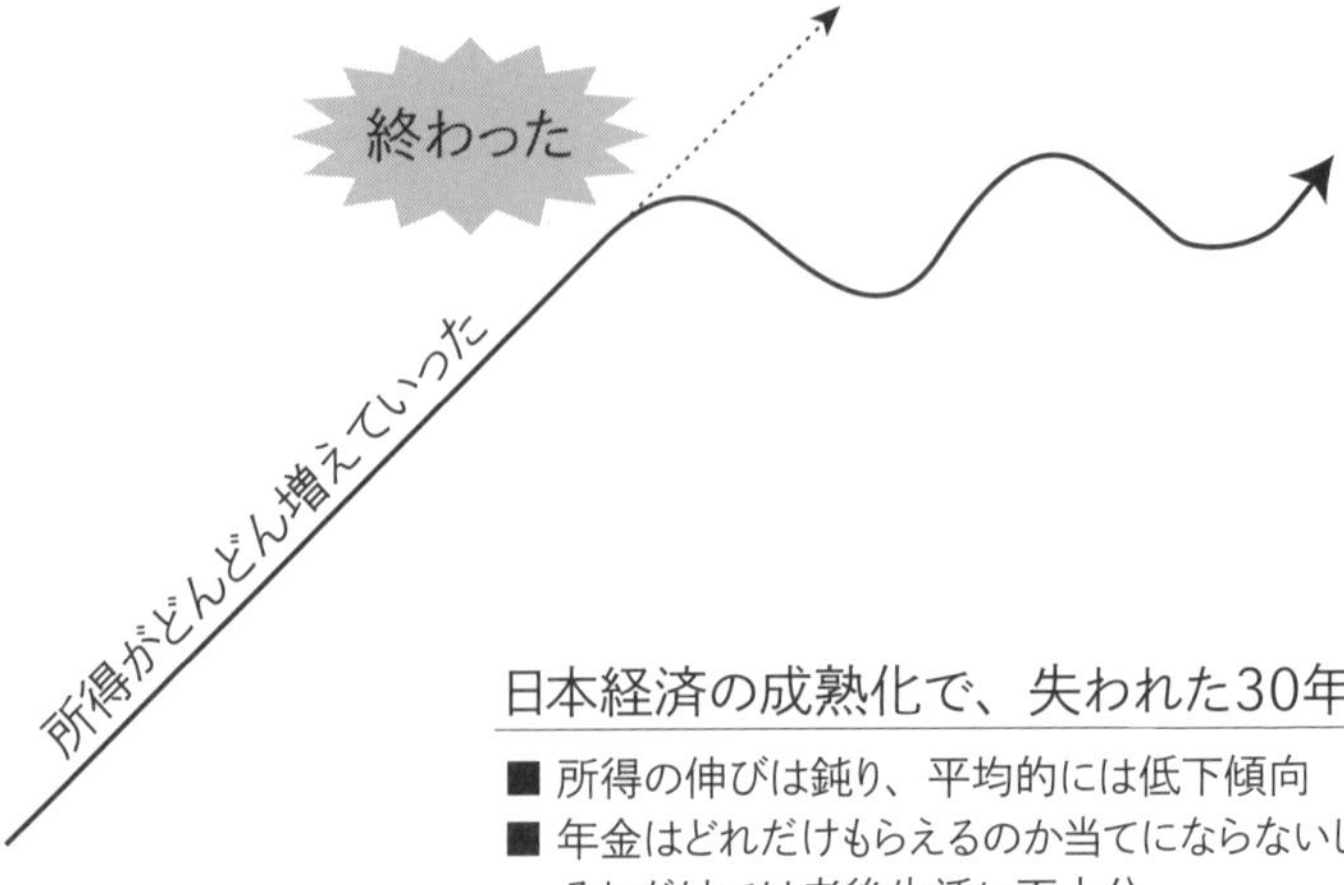

日本経済の成熟化で、失われた30年

- ■ 所得の伸びは鈍り、平均的には低下傾向
- ■ 年金はどれだけもらえるのか当てにならないし、それだけでは老後生活に不十分
- ■ 長生きリスクも大きくなってきた
- ■「貯蓄から投資へ」が、人生設計の基本となる

人生設計に狂いの生じない幸せな時代は終わった

もありません。毎月の給料で余ったお金があれば、銀行の定期預金や郵便局の定額貯金に預けるだけでいいのです。しかも日本経済の高度成長もあって、預貯金の利子はものすごく高かった。3〜8％もあったのです。とりあえず預けておけば、勝手に増えてくれました。

そのあたりを図式化したのが右ページの図表3です。その図式が崩れてしまったのが、この30年です。

さらに言うと、国の年金制度もサラリーマン家庭の老後をしっかり支えていました。当時は年金を積み立てる現役層が圧倒的に多くて、年金給付を受ける高齢者はまだ少なかったのです。それで国の年金財政は健全そのものでした。

また多くの企業が定年後のサラリーマンに、第二、第三の職場を世話してくれます。さすがに現役時代よりは毎月の給料は減りますが、変わらずに定収入が得られるので、定年後も安心して生活を続けられます。そのうちに家のローンも終わり、子どもたちも独立して手が離れます。

かくして、ほとんどの人が55歳で定年を迎え、60歳からの年金給付が始まるまで、そこそこの預貯金資産を築いていました。それで悠々自適の老後生活を送り、男性なら75年、女性なら80年の寿命をまっとうしたのです。

ここまで完璧な人生設計があれば、投資の必要性など感じることもありません。財産づくりは預貯金で十分。１９８０年代まで、普通のサラリーマン家庭に「投資」という言葉は縁がなかったし、「あれはギャンブル好きの人がやるものだ」という受け取られ方をしていたのです。

国も庶民に投資をさせなかった？

国からしても、今になって国民が個人で投資をすることなど、想定外でしょう。**これまではむしろ、国民に投資をさせないよう、あえて仕向けてきた面もあるのです。**

歴史をふりかえると、日本という国は明治の初めから、国民に貯蓄信仰を植え付けてきました。普段の生活は節約に努めて、余ったお金があれば銀行や郵便局に預ける。それが正しい暮らし方だと教えてきたわけです。

なぜだと思いますか？

銀行に集まった預金は、企業の運転資金として融資できますし、工場など設備投資の資金になりました。郵便貯金は国庫に入り、国の事業の資金源として、ダムや鉄道建設など、国土のインフラを整える役目があったのです。

銀行預金も郵便貯金も、日本経済を強化していく上で貴重な資金源でした。国民のお金を少しの無駄もなくかき集めて、産業資金にまわします。そのおかげで日本経済は大きく発展成長できる、という経済政策でした。

国民のお金を、いってみれば自動的に吸い上げる窓口になったのが、銀行と郵便局。そして生命保険だったのです。国民の余裕資金はみんなここに入れてもらえば、産業強化に使えるので、国としては理想的です。**日本は、この間接金融を徹底的に突き詰めた**のですね。

この流れに逆らって、国民一人ひとりが勝手に投資などすれば、預貯金や生命保険にまわる資金が減るので、避けて欲しい。それで「投資はギャンブルだ」「まともな人間のやることではない」という印象を国民が持つように、それとなく社会通念を作り上げていきました。

実際、過去に証券不祥事などが起こった時も、よほど大きな社会問題になるまで、国や当時の大蔵省は口出しもしなかったのです。

ダブルパンチで将来不安に

１９９０年代に入ってから、日本経済の姿はがらりと変わってしまいました。第一の原因は、80年代後半の土地や株式投機のバブルが崩壊したこと。第二の原因は、日本が成熟経済に突入したことです。

かつて日本には「バブル」があって、それが崩壊したということを耳にしたことがあると思います。バブルが崩壊して、地価や株価が下落。それまでバブルに踊っていた銀行などの金融機関や企業は、巨額の投資損を抱えてしまいました。この時に失われた資産は、１１６０兆～１６００兆円の間だと言われています。つまり日本経済の２・２～３倍にもなる超巨額の資産が一挙になくなってしまったのです。

金融機関や企業には多額の借金だけが残りました。彼らをなんとか救済しようと、国は総額で７００兆円を超す経済対策予算を計上しました。そして日本経済のデフレ現象をなんとか打破しようとして、お金を借りやすくなるように金利をどんどん下げたのです。今もよく耳にする**「ゼロ金利」**政策です。

その結果、預貯金の利子もどんどん下がっていきました。今では年に０・００１％

です。本来なら預貯金をしている人たちが手にするはずだった利子収入が奪われ続けているのです。それなのに、日本のデフレは収まらず、さっぱり効果は上がりません。失われた10年が20年、30年になっても、相変わらず日本経済はジリ貧と長期低迷にあえいでいます。

その理由は明らかです。日本が成熟経済に突入したからなのです。

かつての高度成長時代は、豊かな生活に憧れて、誰もがたくさんの買い物をしました。テレビ、洗濯機、クーラー、そして電子レンジも必需品ですね。自家用車も多くの人が手に入れました。日本国内で、モノへの需要が爆発的に増えたのです。

作れば売れるのですから、企業も張り切って、全国各地で工場や物流基地を建てましたし、機械設備もどんどん導入しました。こうして日本経済は驚くべき成長を遂げたのです。今、中国の経済が急成長しているのと同じ図式です。

ところが高度成長時代は長くは続きません。みんなが欲しかった車や家電を手に入れたら、それで終わりです。洗濯機は2台も3台もいりませんから、次は買い換え需要くらいです。みなさんも一度、冷蔵庫を買うと10年くらい、平気で使い続けると思います。7年とか10年に1度の買い換えのために、企業がたくさんの工場を維持するのは大変です。国内のあちこちで工場が余り、設備投資への意欲もがっくりと落ちます。右肩上がりだった土地の値段も、徐々に下がってきます。

日本全体で、食料品や洗剤、細々した日用品などの需要は相変わらず続いています。でもテレビなどの耐久消費財の生産は一気にしぼみ、その分だけ経済規模が小さくなり、経済成長率もガクンと下がります。

モノが売れないので、働く人の給料もかつてのようには増えません。「自分たちの将来はどうなってしまうんだろう」という不安も高まってくる。これが成熟経済のあり方です。成熟経済では、よほどコンスタントに人口が増え続けない限り、経済が大きく伸びることはないのです。

そのあたりを図式化したのが左ページの図表4です。

急に「投資をしよう」となったけれど

モノの売れない成熟経済に突入したのと同時に、「ゼロ金利」政策で、預貯金に入れたお金はまったく増えない。こんな状況が、この30年間でどんどん深刻化していま

日本経済の低迷――国民がお金を使わず抱え込むようになったから〔図表4〕

■ かつて高度成長期には、国民のみなが豊かな生活に憧れて、懸命に働いて得た収入で、欲しかったモノを次々と手に入れていった
■ 人々が家電製品など耐久消費財への需要を爆発させたから、企業は次々と工場を建てたり販売網を拡充していった
■ 日本中で、お金がフル回転で「使われまくって」いた。
それが日本経済の高度成長につながっていった
■ ところが、今や国民の多くが欲しかったモノをほとんど手に入れてしまい、せいぜい買い替え需要しかなくなった
■「お金はあるけど、買いたいモノがない」で、お金を使わなくなった。
それで、成長率はガクンと落ちてしまった

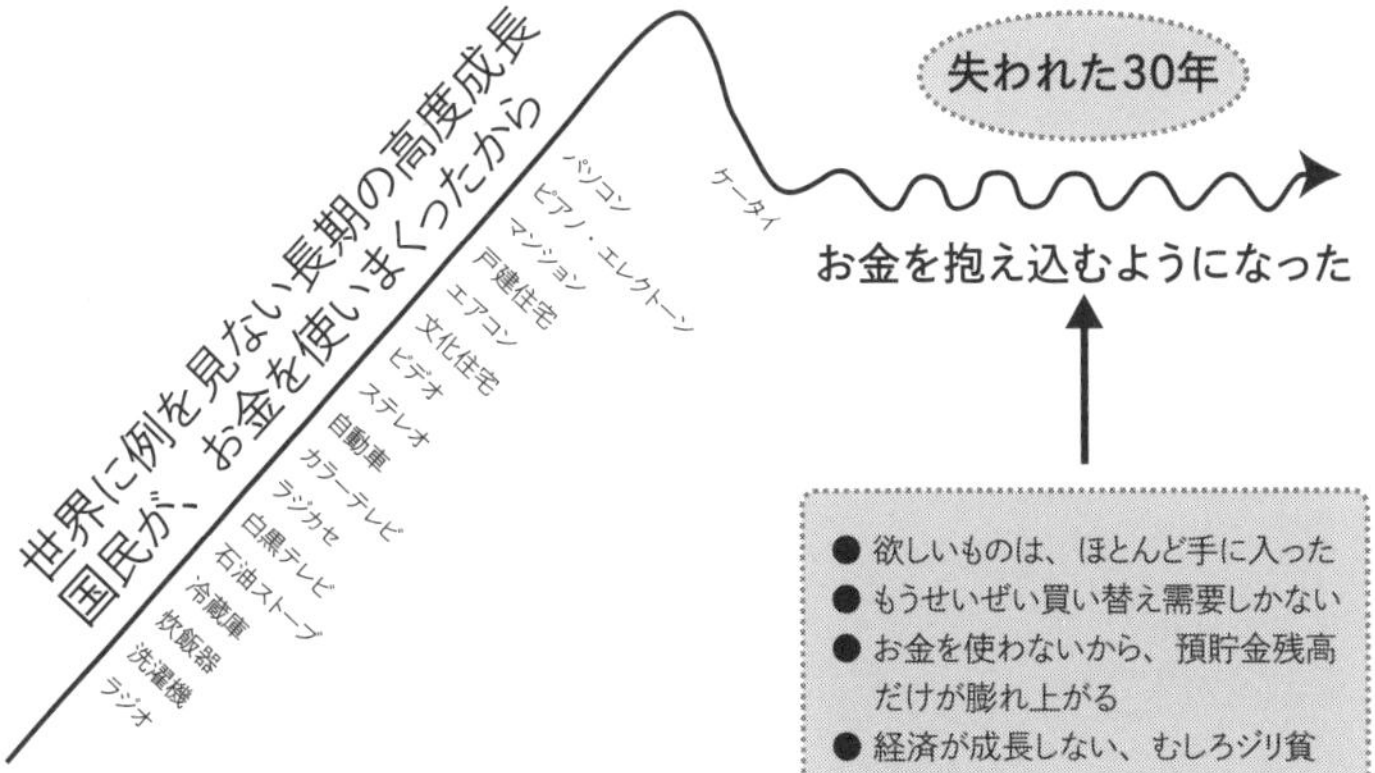
世界に例を見ない長期の高度成長
国民が、お金を使いまくったから
ラジオ
洗濯機
炊飯器
冷蔵庫
石油ストーブ
白黒テレビ
ラジカセ
カラーテレビ
自動車
ステレオ
ビデオ
文化住宅
エアコン
戸建住宅
マンション
ピアノ・エレクトーン
パソコン
ケータイ
失われた30年
お金を抱え込むようになった
● 欲しいものは、ほとんど手に入った
● もうせいぜい買い替え需要しかない
● お金を使わないから、預貯金残高だけが膨れ上がる
● 経済が成長しない、むしろジリ貧
● 将来不安

す。経済もジリ貧。少子高齢化が激しくなって、年金財政は日に日に厳しくなる。将来が不安でいっぱいです。

ここへきて、最近は国を挙げて「貯蓄から投資へ」と言い始めました。理由は明らかです。

日本経済はさっぱり伸びないし、給料も上がらない。そんな状況でも、国民一人ひとりが、自分でそれぞれの生活を安定させ、老後にも備えてもらいたい。そのために投資をしなければならない、となってきたわけです。

実は、この課題は20～30代の若い人たちだけのものではありません。これまで預貯金と生命保険で暮らしてきた50～60代の親世代でも「投資しなければ」が現実問題になってきました。この世代は、まさに長生きリスク、年金不安とともに生きているのですから。

国の方でも、小規模投資非課税制度の「ＮＩＳＡ」とか、「つみたてＮＩＳＡ」といった制度を導入してきました。２０２４年からは「新ＮＩＳＡ」として、さらに非課税の枠を広げます。これは国の「貯蓄から投資へ」の看板政策です。今、書店のマネーコーナーに行くと、「新NISA」についての本が山のように並んでいると思います。この制度の詳細は、そういった専門書にお任せするとして、本書では、ひとつ根本的なことをお伝えしたいと思います。

国が狙っているのは「投資文化の普及」と、それによって「国民の資産形成が進む」という図式。これがかけ声だけ、形だけで終わってしまう残念な可能性もあるのです。

投資の成功者が身近にいない

ここ数年、「投資しなければ」が毎日の挨拶のように、みんなの口に上がるようになってきました。ちょっと前までの「投資など、まともな人間のやることではない」という雰囲気ががらりと変わってしまったのです。

投信運用ビジネスに52年余りも携わってきた私にしても、この大変化にはびっくりしています。なにしろ日本人に投資が必要になって30年近くも経っているのに、いまだエンジンがかからない。それを日々、歯がゆく感じていたのですから。

せっかく注目を浴びているなら、ぜひ投資の文化が日本人の間に定着して欲しいと思いますが、さて、状況はどうでしょうか。

これまでにも日本には株式投資や投資信託などの長い歴史があります。昨日今日できたものではないのに、いったいどれだけの人が「投資」で財産づくりを進めてこられたでしょうか。

「難しい」「リスクが多い」「ギャンブルだ」と言われ続けてきて、投資が広く、国民一般のものには、まったくなっていないのです。こんな日本の状況を見ていると、新NISAが導入されて、果たしてどれだけ日本人の中に浸透するのでしょうか。金融庁の意気込みはよいと思いますが、**「投資」で国民が幸せになれるのかどうか。「投資」をやってきてよかったな」とみんなが実感できるのかどうか。ここが大きなカギになると思うのです。**

この点で、日本は欧米諸国と比べて、大きなハンディキャップがあります。なにしろ**投資で成功し、幸せになった人の実例が日本ではほとんどお目にかかれないのです。**

欧米諸国では、投資運用で財産をつくったお金持ちが、社会のあちこちにゴロゴロしています。わかりやすい投資の成功モデルに出会うと、「投資」が一挙に身近なものになります。投資をやれば、自分もお金持ちへの第一歩を踏み出せるのだと納得できるし、実際に「自分もやってみよう」と思えるのですね。

私がスイスで働いていた頃、こんなことがありました。

ある日、かなり年上の部下がやってきて「今日の仕事が終わったあと、一杯おごらせて欲しい」と言うのです。ちょうど予定が空いていたので、「よし、飲もう」ということになりました。

白のグラスワインを頼んで、2人で乾杯しました。よく冷えて、キリッとした飲み口を楽しんでから「ところで、なんでまた飲もうとなったのかな？　よほどよいことがあったのか」と聞いたのです。

「これまでコツコツ貯めてきた資金が、ようやく投資運用にまわせるだけの金額にまで到達したんです。これで自分も、お金持ちへの道を歩み出せる」

そう話してくれた彼は、こぼれんばかりの笑みを浮かべています。

「そうか、それはおめでたい。ではグラス一杯はありがたくごちそうになるけれど、ボトル1本、おごらせてくれ」

と答えた私も、最高の気分でした。

海外では、日本の投資信託のように1万円から財産づくりを始めるというわけにはいきません。ある程度、まとまった金額にならないと、運用を依頼できないのです。

欧米は給与格差が大きく、たいていの人たちは投資運用にまわすだけの資金を持つまでには至らず、人生を終えていきます。老後の頼みは年金だけなのです。

その点、この年上の部下は一念発起して日々の生活を切り詰め、ようやく投資運用を始められる金額まで、コツコツとお金を貯めました。時間もかかるし、意思の力も重要。そう簡単なことではありません。

でも、彼は頑張ったのです。というのも、**投資運用で余裕のある生活をしている人たちのモデルが身近にあったからです。**給料と将来の年金に頼るだけではなく、運用で人生をより豊かにし、社会的にも一段上の層へステップアップしていける。そういう生き方があるということを体感できていたからこそ、彼は迷いなく貯金をし、投資運用への道を進めたのです。夢が実現の段階に入った彼の、晴れ晴れとした笑顔は忘れられません。

自助自立の生き方を身につけよう

お金が天から降ってくることはありませんし、大人になれば誰でも、額に汗して働いて、その日の糧を得る。それは人としてのちゃんとした生き方です。

中世の昔なら、農耕作業で自給自足。どの人も似たような報酬を手にして生活を紡いできました。まさに「働かざる者食うべからず」で、誰もが納得していたのです。

でも、今は格差社会というものがあります。正社員か非正規か、職種や職場で収入に差が出ますし、デジタル社会やＡＩ化の流れに乗れないと、収入は伸び悩みます。また裕福な家庭に生まれた人は高等教育を受けて、高給を得る道が広がっているという話も聞きます。

それに対して、多数の庶民は安い給料しかもらえず、低所得化が進み、世界各国で社会問題になっています。一部の高所得層は別として、大多数の低所得層は、いったいどうやって格差社会を生きていけばいいのか。自助自立の生き方をどう考えたらよいでしょうか。

この本では、ごく普通の庶民が自分でも頑張って働くけれど、同時に「自分のお金にも働いてもらう」という考え方を提唱します。

自分の働きが右足だとすると、左足は「お金の働き」です。右足の働きと左足の働きが両輪となって、しっかりと人生を支え、この社会を堂々と生きていく。一部の高所得層には必要のない発想かもしれませんが、多くの一般生活者にとっては大きな力になるし、有用な考え方だと思います。

「お金に働いてもらう」というのは、どういうことでしょうか。

まず自分自身の働き方を考えてみましょう。私たちは朝起きて職場に行き、人とコミュニケーションを取ったり、サービスを提供したり、客先に出かけたり、制作物を作ったりと、体と頭を使っていろいろな業務をします。夜遅くまで働く場合もあるでしょう。会社のため、みんなのために役に立った結果が、月々の給料やボーナスなのです。

お金が働く時でも、基本的な流れは同じです。

人間の働き方と同様、お金もいろんなところをめぐって、社会や世の中の役に立ち、そこで初めて報酬がいただけるのです。これが「本物の投資」で、正しい方向にお金が働くと、びっくりするほどよい結果が出ます。

また、お金は**世間の景気がよい時も悪い時も、実にタフで頼りになる存在です。**パパッとキーボードを打って、売ったり買ったりして儲けるなどという投資とは、まったく存在が異なります。

右足にあたる自分自身の働きは、年齢を重ねてくると、肉体的な衰えとともに力が弱まります。一方、左足のお金の働きは、一切、衰え知らず。それどころか、時間をかけて積み上げてきた経験が、左足の働きをどんどんパワーアップしてくれるのです。

「自分も頑張って働くけれど、お金にも働いてもらう」ということが、これからの自助自立の生き方のベースです。

そして大勢の人がこれを実践すれば、日本が元気になり、活力ある社会を築いていけます。

これが本書の目指す、本物の長期投資なのです。

3 本物の投資を始めよう

成熟経済を活性化させる処方箋

１９９０年代から30年間、日本は成熟経済のまま、停滞しています。世界最速とも言われる少子高齢化が進み、人口も急速に減っていく中、いったいどうしたら日本の経済を活性化できるのでしょうか？

ここでひとつ、経済の大原則を考えてみたいと思います。

「経済活動は、すべてお金を手放すところから始まる」

お金を使って、モノやサービスを買うと、お金がめぐりめぐって、経済活動全体が活性化するのです。それは高度成長期でも成熟経済でも変わりません。みんながお金を使えば、必ず経済が元気になります。

とはいえ、今から冷蔵庫や洗濯機を新たに買う人は少ないでしょう。お金を使うといっても、コレと言って特別欲しいモノもないし、生活用品は１００均で、洋服だって安いファストファッションで十分です。以前なら、モノを手に入れることで生活の豊かさと幸せを味わっていましたが、もうその方向ではハッピーになれないのです。

多くの人がそう感じて、お金の使い道を失っています。ただ将来への不安だけが大きくなっているので、お金が余ったら預貯金に入れて、ひたすら抱え込んでいます。このままでは経済はビクリとも動きません。

成熟経済になった日本では、「モノを超えたところでのお金の使い方」を一刻も早く学ぶことが大切です。たとえば文化、教育、芸術、スポーツ、技術開発、寄付、NPOやボランティアといった分野でお金をどんどん使う。そうやって、幅広い意味でのサービス産業を大きくして、今、どうしようもなく停滞している成熟経済を活性化させるのです。モノを手に入れて満足するということを超えて、新しい世界でお金を使う意味と価値を実感し、幸福感を味わう。この発想の転換が重要なのです。

文化・教育・芸術・スポーツなど、今まで十分なお金が行き渡っていなかったところにお金を使う文化が広がれば、そこに雇用が発生し、新しい産業が次々と生まれます。テレビ、冷蔵庫、洗濯機など耐久消費財の大量生産と大量消費に集中していた高度成長段階を卒業し、さらに高度な産業構造と、きめ細やかで豊かな生活文化を日本に作り上げることができるのです。

お金にも働いてもらう

「経済活動は、すべてお金を手放すところから始まる」という原則は、当然、あらゆる「投資」の中にも生きています。

たとえば、お店の商売で考えてみましょう。自分でお店を開くとして、「よし、儲けるぞ！」と意気込んでも、店の中に販売するモノがなければ、商売は成り立ちません。まずは商品を仕入れるのが先決です。仕入れの段階でお金を使う。つまり「お金を手放す」わけです。これが商売のスタートラインで、「投資」ということです。そして仕入れた商品が売れて、初めて売上が立ち、利益がいただけます。

また商品を作るには、工場を建設し、機械を設置しなければなりません。そのためにはお金がかかります。これを設備投資といいますが、やはりひとつの「投資」です。

株式を買うなどの投資でも、この流れはまったく一緒です。将来に向けて、世の中に役立つような仕事をする企業の株式を買い、手放したお金にしっかりと働いてもらいます。そして将来の投資リターンを期待して、静かに待つというわけです。

あらゆる経済活動は、お金に働いてもらい、世の中に喜んでもらうことで成り立っています。その結果、世の中からの感謝が「報酬」という形となって戻ってくるので

す。その好循環で経済が拡大発展し、社会が豊かになっていきます。

逆に、儲けよう、儲けようとすれば、世の中から「冗談じゃないよ」と反発がくるでしょう。商品を安く仕入れて高値で売ろうとしても、それだけの価値のある魅力的な商品でなければ、お客さんは相手にしません。

お金を求めて目の色を変えている商人ばかりがいる町なら、住民は誰もが「損をしないように、騙されないように」とガードを固めて、お金を使うことをやめてしまうでしょう。すると経済活動が縮小し、社会はギスギスします。「儲けよう」「お金を増やそう」という気持ちが先に立つと、すべての窓が閉じてしまうのです。

みんなが「投資」と思ってやっていることの全部がダメ

ここまで読んでくれた人なら、「本物の投資」と「そうでない投資」の違いを、わかってきたと思います。

本物の投資は、「将来に向けてお金に働いてもらおう」「世の中に役立ってもらおう」という発想の先にあります。どんな商売でも投資でも、世の中から感謝をもらって、そこで初めて報酬になるのですから。

しかし今、世間一般で言われている「投資」は、儲けよう、お金を増やそうと、自分のことばかり考えています。これは個人投資家だけでなく、運用のプロと言われている機関投資家でも同じです。彼らはひたすら運用実績を上げたくて、両眼を爛々とさせて、マーケットの様子をうかがっています。投資の本質である「世の中のため、社会のため」という意識はまったくないのです。

自分だけ儲けよう、あとのことは知りません。こんな強欲な商売をやる人がいたら、お客さんの反発を買って、潰れていくだけでしょう。長続きするはずがないのです。投資の世界でも同様です。お金を儲けたい、増やしたいと頑張っても、他人からお金を奪うような傲慢で強欲なやり方は、世の中に通用するはずがありません。

でもおかしなことに、「自分だけ儲けたい」「自分だけお金を増やしたい」という人たちが星の数ほど集まってくるのが株式市場などのマーケットです。そこでは朝から晩まで、世界中から集まった強欲投資家たちがお金の取り合いをしています。そんなところへ素人が入っていって儲けるなど、無理筋もよいところです。あっという間に跳ね飛ばされて、損をするという流れです。

世の中の多くの人は、「投資」というものを完全に考え違いしています。

みんな、毎日、地道に働いて生きているのに、世の中でパッパッと儲かる甘い話などあるわけがありません。それなのに「投資」と言った途端、自分だけ儲かるとか、お金がパッと増えるとか、訳のわからない妄想にとらわれるのです。そんな甘い話が世の中にあるわけがありません。

投資も経済活動のひとつです。お店で商品を売ったり、買ったりするのと本質は同じです。お客さんに「ありがとう」と言われて、感謝とともに報酬をもらう。その姿は投資でもまったく変わりません。

投資も世の中によかれという方向で働いてもらって、「ありがとう」という言葉とともにリターンが戻ってくる。それが本来の姿です。

「ありがとう」の言葉を忘れて、「儲けよう」だけを追求しても、それは経済活動の基本から外れています。どれだけマーケットで頑張っても、損したり、儲けたりの繰り返しで、期待したほどリターンは増えないものです。その結果、個人投資家も機関投資家も「投資は難しい」などと言うのですね。

つまり彼らのやっていることは全部ダメなのです。本物の「投資」ではないことをやっているからです。

儲けようとしないのにお金が増えてしまう

株式市場に飛び込んで、ガツガツ儲けようとはしない。それでも、やるべきことをやっていたら、自然とお金が増えてしまう。本物の投資は、そういう姿をしています。「なにをきれい事を言っているのだ」と専門家からけなされそうですが、どうぞお好きに笑ってください。私は52年余りの経験と実績で磨き上げてきた本物の投資について語っているのですから。

また、同時に自ら実証もしています。**約24年前、私が創設した「さわかみファンド」は年6・1%の運用実績でまわっています**（2023年5月末現在）。たいした数字ではないと言われるかもしれませんが、その間、日本はずっとデフレ経済にあえぎ、長期低迷していました。そんな環境の中で、成績を残し続けているのです。

年6・1%という数字がどういう意味かというと、さわかみファンドに入れたお金が約12年で2倍になるということです。24年経つと4倍になります。36年経つと8倍になるというペースです。**個人のお客様なら、特に20代、30代の若い人なら、この実績に乗ってもらうだけで、十分な財産づくりになります。**

私たちの運用では、先物取引とか、オプションとか、ややこしい投資テクニックを一切使いません。ゆったりした現物株投資に徹しています。これが本物の投資の姿であり、成果です。時間の経過とともに、しっかりと投資の収益が積み上がっていく。本格的な長期投資のすごいところです。

第2章で詳しく説明しますが、**長期投資というのは、世の中のために役立つ方向で頑張っている企業をひたすら応援するだけです。**利ざやを抜こうとか、がつがつ儲けようとか、そういう強欲は一切なし。それでも自然と儲かってしまうのです。

これは経済の原則で考えたら、ごく当たり前のことなのです。「世の中によかれ」という方向で頑張れば、「ありがとう」の言葉とともに、それなりの報酬をいただける。商売でも投資でも、この真理は一切変わらないのです。

みんなが喜ぶかたちで安い時に買い、高い時に売るだけ

経済活動にはもうひとつ、基本原則があります。それは需要と供給の関係です。

たとえば、ある時Aという商品が大人気になって、みんなが欲しいと思って買いに

走れば、Aは品薄になって値段が上がります。そこでAを作っていた会社が張り切って増産します。最初は売上も好調ですが、人気に陰りが出てAの在庫が余り始めたら、値段が下がっていきます。

このように、どんな商売でも需要と供給のバランスの中で仕事をしていて、価格は常に変動します。だから安い時に買っておいて、高くなってから売ると利益が得られます。それも「自分だけ儲けよう」という強欲ではなく、「ありがとう」の言葉とともに実践するのがポイントです。

「安い時」というのは、売り手ばかりが多くて買い手がほとんどいません。景気が悪くなって、みんなが在庫を一斉に売りに走りますが、買い手からは「儲かりそうもないな」「今は欲しくないな」と思われて、見向きもされません。こういう時は、誰かが買ってあげることが大事です。「少しでも売って、現金を手にしたい」と思っている人は、とても喜んでくれます。

逆に「高い時」というのは、みんなが買いたがっています。欲しいのに十分な品物がないから、価格がどんどん上がります。こういう時に売ってあげると「ありがたい、手に入った」と、やはり喜んでもらえます。

この需要と供給のバランスは、「投資」の世界でもまったく同じです。

投資の世界で「安い時」というのは、どんな場面でしょうか。一番わかりやすいのが、新聞やテレビなどで「株価暴落！」と大騒ぎになっている瞬間です。この言葉を聞くと、多くの投資家がうろたえて売りに走り、「今買っても儲かりそうもない」と思って、買い手はそっぽを向きます。すると株の売り手ばかりで、買い手が誰もいない。当然、株価はますます暴落します。

世の中にとって、大事な働きをしている企業の株式も「株価暴落」の流れに乗って、ひどく売られてしまう時があります。その会社からすると、「まともに経営をして、毎年利益を出しているし、従業員もしっかりと雇用している。それなのに、なぜ株が売られるの？」という気持ちになるし、世界の投資家たちを恨みたくもなります。

そんな時こそ、私たち長期投資家の出番です。安値になったところを応援買いすると、企業としてもありがたいし、大いに勇気づけられます。「自分たちの経営は間違っていなかったんだ」と自信にもなるのです。

もちろん売りたい投資家たちからも大いに喜ばれます。なんとか売って、現金が欲しいと思って躍起になっていたところに、パッと買ってくれる人が現れたのですから。

ここで、61ページの図表5を見てください。これが長期投資家の行動パターンです。

本書では、この後も繰り返し説明します。

これとは逆で、景気がよくなって、投資の環境が改善してくると、「今のうちに急いで株を買っておきたい」と思う人たちが続々と市場に現れてきます。すると株価はどんどん上がり、欲しい株がなかなか買えません。そんな時、私たち長期投資家が手持ちの株を売ってあげると、「よかった、ちょうど欲しかったんだ。ありがとう」と歓迎されます。

この一連の流れが、本物の株式投資です。どこにも無理がなく、売る人にも買う人にも喜ばれます。そして私たち長期投資家は安く買っておいた株式を高く売って、ごく自然体で投資のリターンが手にできるのです。

マーケットを相手にしてはいけない

昔からアメリカの株式市場では**「ミスター・マーケットとは仲良くするな」**という教えがあります。マーケットの価格変動を追いかけてはいけないよ、という意味です。

企業を応援するのが長期投資〔図表5〕

■ 景気の悪化や「なんとかショック」で株価が暴落に転じると、売りが売りを呼ぶ展開で株価はどんどん下がっていく
■ 企業価値を無視した2足3文の売り叩きに対し、長期投資家は断固たる応援買いを入れる
■ 世の中で永久に売られるものはなく、長期投資家が買い向かった分だけは確実に売りが吸収されていく
■ 応援買いが入る企業では株価の底入れと反転は早まるが、長期投資家に無視される企業の株価はズルズルと下がっていく
■ 不況時や暴落相場での早い株価反転は、企業イメージを高める強力な応援メッセージとなる

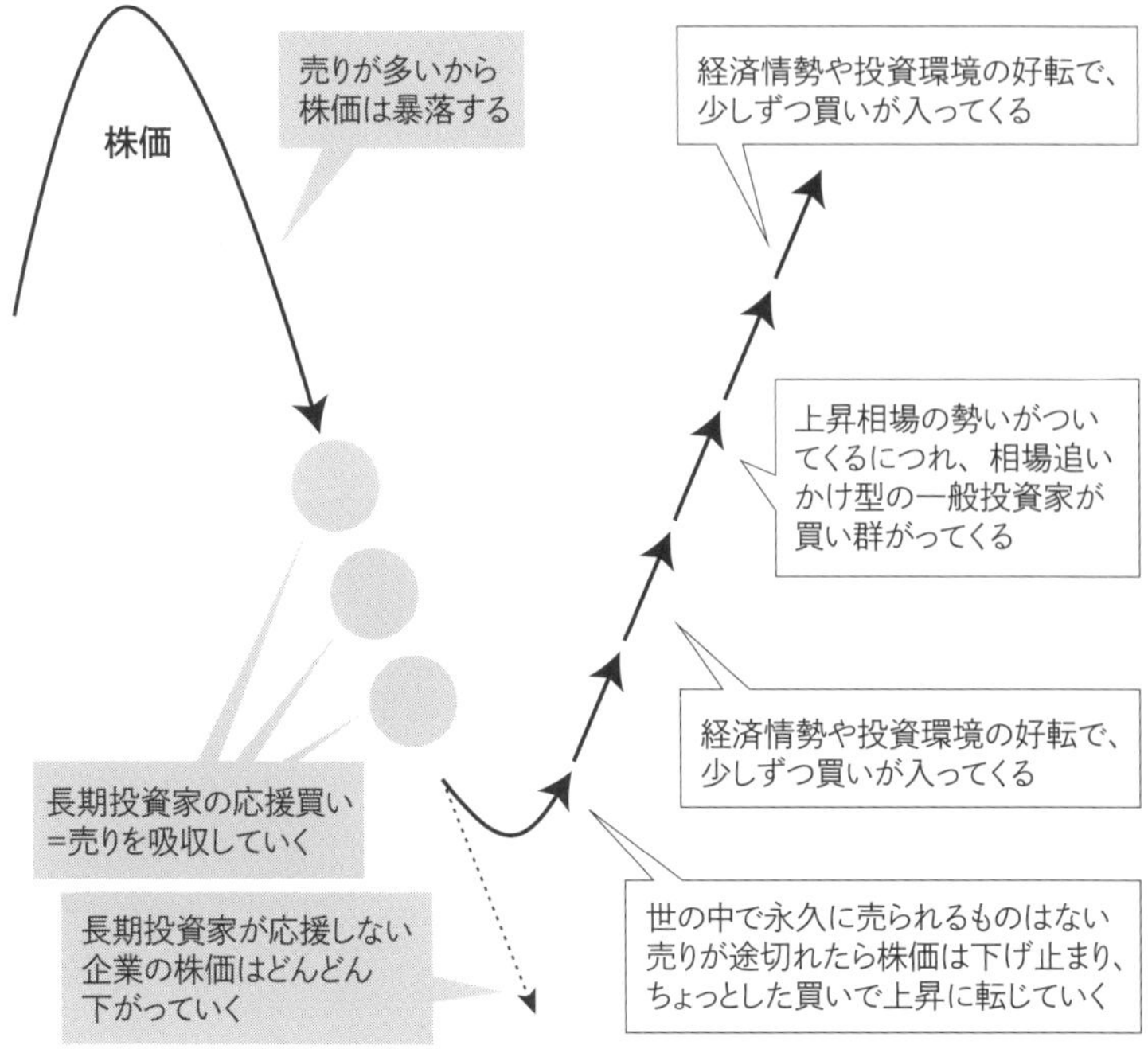

ところが、個人投資家も、運用のプロとされる機関投資家も、こぞってマーケットの価格変動を追いかけて、儲けを狙っています。それが投資だと信じて疑わないのです。でもミスター・マーケットは大変に気まぐれです。買いが多くなれば上がるし、売りが集中すれば急落するし、上へも下へも自由自在に動き回ります。

刻々と価格の変わるマーケットに飛び込んでいって、ひんぱんに売ったり買ったりを繰り返し、瞬間の値動きの違いで儲けたり、短期中期で株を売買して利ざやを稼ごうとする人もいます。これは「ディーリング」とか「ディーリング運用」といって、私たちのやっている長期投資とは、まったく別の存在です。

「ディーリング」というのは、まったく予想のできないマーケットの動きを相手にして、投資収益を得ようとするので、相当に難しい。

みんなが一生懸命に買っている間は、株価はどんどん上がります。まだまだ価格が上がる気がして、みんなはさらに買いたくなります。ディーラーやディーリング投資家というのは、一度、手にした株式を売って利益を得たら、すぐさま次の買いに入っていく習性があるので、株価はどんどん上昇します。

ガンガンと買い上がったり、売っては買ってを繰り返している間に、どこかで上昇相場の天井がやってきます。

マーケットが崩れ出したのを見るや、すべての投資家が大慌てで売りに入ります。その瞬間、株価は下落に転じます。マーケットはものすごく敏感です。「あ、今、売りが出てきたな」と感じた瞬間、その情報が瞬時に広がり、即座に価格が下がり始めるのです。

かわいそうなのは、そこまで高値を買い上がってきた人たちです。せっかくそれまで積み上げてきた売却益の大半が消えてしまう。これが「ディーリング」の難しいところです。時には幸運にも儲けることができるかもしれません。でもたいていはうまくいかなくて、損をして終わりです。

ただ、こういったディーリングの売買は、まったく意味がないというわけでもありません。売ったり買ったりを繰り返すので、マーケットでの株価の形成に厚みをもたらしてくれるのです。その意味では、経済活動の活性化に貢献しているともいえます。

ただ、**私たちのような長期投資家は一切、関わらない分野です。**

4 時間のエネルギーを味方につける

大丈夫、なんとかなる

ここまで本書を読んできたみなさんは、本物の投資がどんなものか、だいぶイメージできるようになってきたと思います。同時に、世間でよく言われている「投資は難しい、リスクが多い」という話も、本物の投資をする上では関係のない議論だというのが理解できたでしょう。

ここからは、その先の話をします。生活の不安を解消して、将来に向けての財産づくりをするのです。

私たちが取り組むのは投資の世界だから、何年後にいくら儲かる等、成績の約束はできません。絶対にこうなる、という発言もしません。それでも、本物の投資は経済合理性から一歩も離れないし、なんの無理もしません。だから安心してついていけるのです。水は高いところから低いところに流れます。それと同じように、**本物の投資**

をきちんと続けていれば、なんらかのリターンはあとから自然とついてきます。ものごとが収まるところに収まってくる。それが経済合理性です。

ただし、畑や田んぼで作物を育てるのと同様、**本物の投資が実るまでには、一定の時間がかかります。**でも不安に思うことはありません。「ディーリング」をやっているのではないし、当たるか外れるかのバクチに手を染めているわけでもありません。本物の投資と手を携え、経済合理性に沿って、しっかりと歩いていく。「右足で自分の仕事に励み、左足でお金に働いてもらう」という流れです。これが軌道に乗れば、お金の不安や、老後の心配もグッと減って、自分の人生の幸せを追求できるのです。

こんな話をすると、それは理想論で、現実はそんなに甘くないと言う人たちが少なくありません。でも、これは夢物語を語っているのではないのです。**本物の投資をしっかりと続けてくれたら、10年、15年もすると、確かに見えてくることがあります。このまま長期投資を続けていけばいいんだと、確信が生まれます。**そして自分の将来設計が明るく、はっきりと見えてくるのです。

10年とか15年というと、決して短い時間ではないですが、長期投資の成果の積み上がりが、具体的な数字になって表れてきます。しかも、一時的な株価の値上がりなどではなく、本物の投資による再現性のある成績です。中身がしっかりしているので、なんともいえぬ安心感をもたらしてくれるのです。

落ち着いて、ちゃんとした投資を続けておけば、将来は大丈夫。不安がることはありません。きっと、なんとかなるのです。

時間の持つパワーを感じて欲しい

本物の投資のすごさは、複利の雪だるま効果です。これが、時間とともにどんどん加速して大きくなっていく。まさに目を見張るほどです。

もちろん長期投資を始めたばかりの頃は、まだまだ雪だるまが小さくて、ひと転がりしても、くっついてくる雪の量はたかが知れています。なかなか大きくならないな、と感じるのです。

ところが雪の玉が大きくなるにつれて、ひと転がりでくっついてくる雪の量は、どんどん多くなります。芯になる雪だるまが大きいほど、この効果はものすごく大きくなります。これを複利効果といいます。そして雪だるまを転がし続ければ、どんどん大きく成長するのです。

本格的な長期投資は、まさに転がり続ける雪だるまです。投資の成果を再投資して積み上げていくので、時間の経過とともに雪だるまは加速度的に大きくなっていきます。長期の財産づくりでは、時間のエネルギーを最大限にいただく。そこが肝なのです。**15年もすると、複利の雪だるま効果がグーンと出てきて、資産の増え方がスピードアップし始めるのを実感できます。**

そこから先は、将来に向けて、どんどん自信が高まってきます。このまま育っていけば、さらに5年、10年経つにつれて、もっと雪だるまが巨大になってくる。それをリアルに感じられるようになり、同時に将来に対する不安も遠くへ消えていきます。

20代、30代だからこそ投資を始めないともったいない

私たち、本格派の長期投資家からすると、時間がすべてです。時間さえあれば、どんな財産目標にでも到達できると確信しています。

もちろん、それには地道に本物の投資を続けることが絶対条件です。売ったり買ったりのディーリングは一切しない。コツコツと長期投資にお金を入れ続ければ、確実

にリターンが積み上がります。そこのところをきっちりと守ってくれたら、あとは時間のエネルギーが素晴らしい働きをしてくれます。複利の雪だるま効果が働いて、財産づくりがどんどん加速するのです。

たとえば、年平均6％くらいの成績で、長期投資の成果を積み上げていくとしましょう。仮に月2万円の積み立て投資を続けると、20年で資産は924万円に膨れ上がります。

そのまま月2万円の積み立てを続けたら、30年目に2009万円、40年目に3983万円と増えていき、**54年5か月で1億円を超える**のです。スゴイじゃないですか！

これは売ったり買ったりのディーリングとは違って、取らぬ狸の皮算用ではありません。**年平均6％ほど成長する長期投資に積み立てを続ければ、誰でも同じ結果が得られます。**本物の投資に時間のエネルギーを乗せるだけで、着実に1億円コースを進むことができるのです。仮に20歳から月2万円の積み立て投資を始めたら、74歳5か月で1億円の資産を持つことができます。

若い人は給料も安くて、自信もないし、将来への不安がいっぱいかもしれません。でも時間という大きなパワーをたっぷりと持っています。まさに**若ければ若いほど、長期投資を始めなければもったいないのです。**月2万円の積み立てでもよいけれど、ちょっとでも資金の余裕があれば、どんどん追加しましょう。毎月の積み立て投資を続けながら、スポット買いをプラスしてあげるのです。

追加投入が多ければ多いほど、それも早いうちにどんどん追加するとよいのです。それらの資金は、みんな複利の雪だるま効果を満喫して、どんどん大きくなります。時間という大きなエネルギーを十分に活用できるのですから、実にワクワクしますね。

ぜひ身につけたい心のコントロール

投資における「心のコントロール」が本書のメインテーマです。とはいえ、そんなに堅苦しく考える必要はありません。本物の長期投資を5年10年20年と、コツコツ続けていくだけでいいのですから。

ところが「投資」というとあらゆる種類の雑多な情報が耳に入り、心が乱されることがあります。また仕事や人間関係で悩んだり、まとまったお金が必要な時期があるかもしれません。長期投資はある意味、長い一人旅ですから、気持ちが安定しない時もある。**そこでぜひ心をコントロールして、投資メンタルを鍛えて欲しいのです。**

投資で心が乱される時、その原因はだいたい次の３つです。

1つ目はマーケットの価格変動に惑わされるということ。今、株価が上がっているから、ちょっと売って儲けようなどと思うと、もう投資メンタルはぐらぐらです。前述したように、マーケットの価格はあっという間に上がったり、下がったりするのですから、そこで儲けるなどと考えても失敗するのがオチなのです。そんなことで大切な雪だるま効果を傷つけてしまっては、もったいないだけです。

2つ目は、パッと儲けようという意識が強すぎること。確かに株の値動きを毎日見ていると、「あそこで買って、ここで売れば儲かるな」と思えてくるものです。ところが、いざ実際に投資してみると、なかなか思うようにはいきません。

一生懸命に選んだ株を張り切って買ったら、とたんに値下がりして、売るに売れない。なぜ想定したような展開にならないんだろう。銘柄の選択を間違えたのか、と心はどんどん乱れてきます。このまま損をしてしまったらと、不安でいっぱいです。

何度も書いていますが、世の中にパパッと儲かる話など、あるわけがないのです。本格的な長期投資は、作物を育てるのと同じように、実るまで一定の時間がかかります。これはどうしようもないこと。時間のエネルギーをたっぷりと注ぎながら、ゆったりと構え、投資の収益はあとからついてくると達観してしまうのがコツです。投資をしているのを忘れるくらいの心持ちがちょうどいいのです。

3つ目の要因は、まわりを気にすること。隣の芝生は青く見えがちで、他人の成功がつい気になってしまうのですね。

あの人はこんな金融商品を買って儲かったとか、いろいろと耳に入ると、自分の投資はゆっくりとしか伸びていないし、焦りが出てきます。自分もなにかしないといけないのでは、と思ってしまうのですね。

投資には「ビギナーズラック」という表現があります。初めて株を買ってみたら、あるいは、たまたま投資をしてみたら大儲けしたという話が耳に入ることもあるでしょう。小さな成功でも、ことさら誇張して語る人もいます。

そういったラッキー投資家は、その後どうしたでしょうか。たまたま大当たりすることがあっても、宝くじに当たるようなもので再現性はありません。とうてい、100万円、1億円などの大きな資産をつくることはできません。そういう人の行動を真似しても、読者のみなさんの財産づくりにはまったく役に立たないのです。

夢物語を追うのではなく夢を実現させる

特に注意が必要なのが、マネー雑誌や投資関連の書籍です。「私はコレで1億円稼いだ」「この株を買って大儲けした」などの成功談があふれていて、もっともらしい数字を並べて語られています。それを読むと、その気にさせられてしまうのです。

投資という世界で、過去の実績データを使って成功を語らせれば、誰でも神様になれます。「この株をここで買っておくと、50倍の利益が上げられた」などという類いの話です。

不思議なことに、そういった過去のデータによる成功例（？）のようなものを鵜呑みにして、多くの投資家が自分もそうなれると思い込んでしまいます。「この方法で投資をすれば、自分も10億円儲かる！」などと夢物語に期待を抱くのです。そして株価が50倍になりそうな銘柄を発掘しようとして、マネー雑誌などの特集記事に飛びつきます。あるいは著名な株式評論家の投資セミナーに、高い会費を払って参加するわけです。

当然のことながら、いくら頑張ったところで、そんなうまい話はありません。そもそも50倍になる銘柄を知っている評論家なら、セミナーなどしないで、さっさと買って儲ければいいのです。多くの投資家は性懲りもなくマネー雑誌や投資本に群がり、夢物語を追いかけています。そこになんの意味があるのでしょうか。

本書のみなさんは、いっさい夢物語など追いかけません。もちろん過去から学ぶことは大事ですし、経験も大切にしますが、過去のスゴイ数字がそのまま再現されるなどの期待は一切しません。

そんな宝くじに当たるような夢を見るよりも、しっかりと現実社会を踏みしめて、将来に向けてやるべきことをしっかりと実践しましょう。農家が作物を育てるのと同じで、季節が来たら田植えをして、秋の収穫を期待するのです。

6月の雨を期待したら空梅雨だったり、8月の太陽を待っていたら冷夏だったりすることもあります。すると秋の収穫は減ってしまうかもしれませんが、それでも実りの季節には、なんらかの収穫があるものです。

投資もこれとまったく同じです。自分ができることをしっかりとやって、時期がきたら、それなりの収穫を手にする。夢を追いかけるのではなく、夢を実現させるのです。その時、大自然の恵みや時間のエネルギーは、ありがたく、確かな味方なのだと実感できるはずです。

第１章のまとめ

成熟経済に入った日本は30年間、経済成長しなかった

・欲しかった耐久消費財はすべて手に入れて、買い替え需要しかない
・モノが売れないので、働く人の給料も上がらない

突然、インフレの世界がやってきた！

・世界経済のグローバル化が壁にぶち当たり、インフレが起こった
・日本と欧米で金利の差が開き、円安になった
・日本も格差社会が進み、貧しい人が増えている
・預貯金はインフレで目減りしていく

投資が必要になる時代の到来

・親の時代は預貯金で十分。投資は不要だった
・格差社会を生き抜くために、お金にも働いてもらおう
・自分だけ儲けようとする投資もどきは全部ダメ
・株価の上がり下がりには付き合わない
・安い時に買い、高い時に売るだけでいい
・本物の投資を10年、15年と続けていこう
・20代、30代だからこそ長期投資を始めよう
・長く続けるからこそ「心のコントロール」が重要
・パパッと儲かる投資はない。じっくりと育てていく

第2章

「投資」の概念を変える

1 本物の投資を学んでいこう

ただ儲けることだけに走る人たち

経済活動というものは、すべてが「投資」と言い換えることができます。第1章でも書きましたが、まずは自分からお金を手放して、そのお金にしっかりと働いてもらい、世の中や社会のために役立つことが大事です。「助かったよ、ありがとう」と言われて、初めて利益をもらえるのですね。

みなさんの家庭でも、いろんな投資をしています。

たとえば洗濯機を買うと、自分の財布から何万円かが消えてしまいます。しかし毎日、ボタンひとつで汚れ物をきれいにしてくれる。本当に助かりますね。もし全部手洗いをしていたら、何時間かかるかわからないような大変な仕事です。しかも10年くらいは黙って働き続けてくれる。10年にわたる便利さを、お金で買ったわけです。これは実に立派な投資です。

そうやって、みんなに頼りにされている洗濯機をつくる仕事はなかなか大変です。工場用地の購入から機械設備の導入など、巨額の費用がかかりますが、それもメーカーにすれば投資しているのです。さらに工場で働く労働者を雇い、生産のための原材料を調達するのですから、お金なくしては一歩も進みません。

財産づくりの投資も同様です。まずは社会にお金を送り出して、しっかりと働いてもらいましょう。それがみんなの役に立って、初めて利益がいただける。その延長線上で、みなさんの財産も少しずつ大きくなります。それが経済活動の大原則です。いきなり初めから「お金を儲けよう」としても、それは無理な話です。

ところが**一般の個人投資家や機関投資家は、この経済の原則がどうしても理解できないのです。**「パパッと儲かる投資が存在する」という妄想が強烈に強く、投資テクニックを獲得するんだと躍起になっています。その挙げ句には、「人のことはどうでもいい。自分だけ儲けてやろう」という発想に取りつかれてしまっているのです。

そのあたりの投資家の実態を見てみましょう。

長期投資、短期投資、ディーリング、いろいろあるけれど

世の中の投資家には2種類に分かれます。ひとつは短期、または長期で株式などを売買し、投資収益を得ようとするタイプ。もうひとつはマーケットでの価格変動を捉えて売買し、その瞬間の利ざやを抜こうというディーラーです。

どちらにも共通しているのは「マーケットでの価格変動を、いかにうまく捉えて儲けるか」ということを中心に考えているのです。

最近は「長期の株式投資」を謳う個人投資家、機関投資家が増えています。「中長期的に株を持ち、企業の成長を待って、株価の値上がり益を得る」という、教科書通りのことを言って投資をしています。

でも心の中を見てみると、結局は値上がり益が欲しいのです。口では「企業の成長を期待している」などと言うのですが、実際は株価全体のトレンドに惑わされて、フラフラしています。

経済の情勢や投資環境が悪くなり、株価が下がってくると、「損をしてしまうので

はないか」と不安になるのですね。そして手持ちの株式を慌てて売ってしまいます。そもそも株を買う時から、金儲け主義が見え隠れしています。儲かりそうな会社の株なら、どんな事業をしていてもかまわない。うまいこと高値で株を売り抜けたら、もう満足。その企業の将来など、どうでもいいのです。

「自分さえよければ、あとは野となれ山となれ」という投資傾向が、大きな資金を預かって運用する機関投資家の間で行きすぎてしまい、このままではダメだという反省の動きもありました。それで20年ほど前、**SRI（社会的責任投資）**というのが流行り始めたのです。

企業がどれだけ社会的責任を意識した経営でビジネスを展開しているのかをチェックしよう。機関投資家は、そういう意識の高い企業に投資すべきである。そういう流れが生まれたのです。

一時期、世界的にSRI投資がブームになりましたが、5年ほどで消えてしまい、誰もその言葉を口にしなくなりました。きれい事を言ったところで、結局、たいした成績が出なかったのです。SRIをセールストークにした投資信託もたくさん生まれましたが、さっぱり売れなくなってブームは消えました。

次に現れたのが**ESG投資**です。

Eは環境（Environment）、Sは社会（Society）、Gはガバナンス（Governance）という意味で、それらに配慮する企業に投資しようという動きです。たとえば地球環境に配慮して、石油や天然ガス、石炭などの燃料関連企業への投資を減らそうという方向があったのです。

ところがロシア軍のウクライナ侵攻で、石油や天然ガスの価格が急騰しました。するとESG投資に力を入れていた投資ファンドは、ガクッと運用成績が落ちました。石油関連の投資を減らしていたからです。機関投資家は「これはマズい」と思い、脱ESGにサッと舵を切る例が急増しています。

こういう動きを見ていると、**個人でも機関投資家でも、結局、頭の中は自分の利益追求ばかり。投資本来の「未来の社会を創っていく」という大きな目標はこれっぽっちもないのです。**

株式に興味のある人なら、最近、「アクティビスト」という言葉を耳にしたことがあるかもしれません。企業の株を一定数取得して、経営陣にあれこれと意見をする人たちで、いわゆる「もの言う株主」です。

彼らの多くは、企業に圧力をかけて株価を上げさせ、高値になったところで株を売り抜けて、たっぷりと投資収益を得ようというのです。下品な金儲け主義です。

そういったアクティビスト連中に資金を提供しているのが、世界の富裕層や金融機関です。実際に手を汚すのはアクティビストで、自分たちは遠くで眺めながら、成果だけを受け取り、悠々と優雅に暮らしているのですね。いくらお金に色はつかないといっても、社会道徳的には首をかしげたくなります。

一方、短期投資家は目端の利く人たちで、株価が上昇する勢いをタイミングよく捉えて、パッと買って、パッと売って、ひと儲けしようとしています。彼らからすると、値上がりする株なら、どんな企業のものでもかまいません。「投資」というより「投機」と言った方がいいのかもしれません。

しかし、パパッと儲けようとして株を買ったものの、結局、高値づかみして、このまま売却したら損が出るという事例もたくさん出てきます。それで、いつやってくるのかわからないけれども、株価の戻りを期待して、だらだらと株を保有し続ける投資家が結構多いのです。いわゆる「塩漬け投資家」です。

アメリカでは**「長期投資とは投機の失敗したもの」**という辛口表現があります。儲けようとして高値で買ってしまって、売るに売れなくなり、結果的に長期保有となってしまった投資家のことですね。

最後にディーラーのことも触れておきましょう。この人たちは株価などの価格変動のみを追いかけます。上がっても、下がっても、どちらでもかまいません。ましてや投資先企業のことなど意にも介しません。機敏に売買して、売買益を積み上げる。ひたすら数字を追いかけるだけの無機質な世界です。

その延長線上で、最近では1秒間に1000回、2000回という超高速売買が機関投資家の間で大流行しています。とても人間ではこなせない、コンピュータを使った売買益稼ぎです。

これらに登場する投資家で、社会に必要とされ、魅力にあふれた人というのはどこにもいません。本書の読者には、こういう金儲け主義の投資に心を惑わせて欲しくないと思います。

ＧＡＦＡＭとかテスラ株の未来は？

最近、さすがに株価上昇の勢いが鈍ってきましたが、２年近く前までは、猛烈に株価が上がった企業があります。ＧＡＦＡＭやテスラです。

ＧＡＦＡＭとは、当時の会社名で、グーグル、アマゾン、フェイスブック、アップルそしてマイクロソフトの５社のこと。ここに電気自動車で有名なテスラを加えて、超高成長企業として世界の株価をリードし、まさに世界中の投資家の心を惹きつけたのです。

日本では、ソフトバンクやユニクロでおなじみのファーストリテイリングといった株の値段がどんどん上がりました。先進国中心に、異常な金融緩和政策で余ったお金が、そういった株に向かい、価格が上がったのです。

こんな**マーケット追いかけ型の投資は、いつまでも続きません。**特にこの２年ほどは、どの銘柄も勢いがなくなっています。投資家も「どうしたものか？」と悩んでいるかもしれません。

こういう様子を見ていると、米国株市場で１９６０年代半ばから70年代初めにかけて起こった出来事が頭に浮かびます。

当時、「ニフティ・フィフティ相場」というものがありました。ニフティ（nifty）は英語でかっこいい、素晴らしいという意味。フィフティは50。当時のアメリカで成長株と言われた超優良新興企業「かっこいい50」社の銘柄を指します。ゼロックス、イーストマンコダック、ポラロイド、ガルフ・アンド・ウェスタン（パラマウント映画などを買収した多業種企業）などの「ニフティ・フィフティ」企業の株価がピンポン玉のように跳ね上がりました。みんなが夢中になって買ったのです。

ところが、それら50社のうち、今も残っているのは22社だけです。社名を変更して、当時とは姿を変えた企業も含めての数字です。

さて、今をときめくGAFAMやテスラ社も、50年後はどうなっているでしょうか。

本物の投資は、地味だから安心できる

私たち、本格派の長期投資家が保有する株式には、人気のGAFAMもテスラもソフトバンクも入ってきません。

その理由は簡単で、**これらの企業が5年後、10年後も元気に生き残っているのかど**

うか、わからないからです。もちろん現時点で各社を見ると、5年後くらいまでは相変わらずスゴイ存在なのかもしれない。でも確かではありません。

こういう会社は、私たち長期投資家には向かないのです。こう言うと、読者のみなさんは拍子抜けするかもしれませんが、**本物の長期投資家はもっと地味な企業に投資をします。**

そして**マーケットを追いかけることはしません。**マーケットでの株価の変動にはつかず離れず。「安ければ買い、高くなれば売る」を、マイペースで淡々と繰り返します。それが私たちの投資です。

将来に向けて少しずつでも価値を高めてくれるであろう企業を応援するためにじっと待っていて、「株価暴落だ！」となったら出ていって、株を買います。買ったあとは5年でも、10年でも、株価が十分に上がってくるのをのんびりと待つだけです。

したがって、今は確かにスゴイけれども、5年後はどうなっているのかわからないという企業では、応援のしようがありません。その点、**5年先でも10年先でも変わらずに頑張ってくれるだろうなと思える企業なら、安心して応援買いができます。**

そして10年間、ずっと応援して、ようやく株価が2倍にでもなってくれたら、もうそれで十分です。1年ごとの成果にならしてみたら、年率7・2％の投資収益になっているのですから。仮に5年で2倍になってくれたら、年14％の成績になります。どちらの数字も立派。みなさんの財産づくりで、文句なしに力を発揮します。

本格派の長期投資をベースとした財産づくりではGAFAMやテスラ社など、今をときめく企業はまったく必要ありません。ああいうピカピカ企業は、常にマーケットを追いかけて、「あれを買ったら儲かりそうだ」などと大騒ぎをしている投資家たちに任せればよいのですね。

彼らに比べて、私たちの長期投資は、恐ろしく地味な投資です。自然とそうなってしまうのです。マーケットの価格変動に振り回されることなく、株価が上がろうが下がろうが、心の中は常に穏やかです。そしてマイペースで「安く買って、高く売る」を繰り返します。「株を売り抜けて儲ける」などの特殊技能は一切いりません。この方法で長期投資をすれば、どんな人でも一定の成績が得られます。

アマゾンだ、テスラだと派手な企業の株を買ったりはしないけれど、本物の投資はちゃんとした成果が出る確率が高く、安心できます。10年20年と、長い時間、投資を続けるメンタリティーを維持するには、こちらの方がずっと頼りになると思うのです。

2 インデックスファンドが生まれた日

年金マネーが世界の投資を変えた

今から半世紀ほど前、1970年代前半までは投資運用といえば、基本的に長期で取り組むものでした。特に年金資金は30年後、40年後に退職者へ給付する大切なお金です。10年単位の長期投資でじっくりと増やしていくという考え方が一般的でした。

その頃、先進国を中心に年金制度が整ってきて、多くの人や企業が将来に向けて年金資金を積み立てるようになりました。70年代半ば以降は年金資金の積み立て運用が本格化します。

80年代に入ると、毎月の積み立てでプールされる年金マネーが、世界最大の運用資産になりました。みんながコツコツと積み立てたお金が、どんどん増えていったのです。それを見た世界の投資運用会社は、こぞって年金マネーを獲得すべく、営業に走りました。

でも従来のように10年先に結果を出すような、のんびりした運用では、マーケティング競争になりません。それで、あっという間に「5年間の成績だ」「いや3年間の成績だ」と競争が激化し、ついには毎年の成績で運用委託先を決めるという方法が、年金運用ビジネスに定着していきました。

こうして、年金という30年、40年先に使うお金の運用を、1年間の成績で決めてしまうという、ひどく歪んだ運用スタイルが広まったのです。**世界最大の運用マネーが短期志向になった影響で、他の運用もみんなこぞって短期志向になってしまいました。**

毎年の成績を追いかけるのは本当に大変で、短期投資やディーリング売買の世界に没頭せざるを得ません。本格派の長期投資のように、10年20年とじっくり構えてリターンを積み上げるような行動はまず取れません。1年どころか、それこそ四半期ごとの成績でライバルと競い合うのです。

そのうちに、運用の結果を待つ時間も惜しくなり、運用会社は新たなマーケティングの方法を考えました。**「ベンチマーク」**です。

運用会社は自社が目標とするベンチマーク（運用の基準値）を決めて、そのベンチマークに対して、どれだけ成績が上がったのかという成果を見せて、年金サイドへマーケティングします。

最初は各社がそれぞれのベンチマークを決めていましたが、そのうちにわかりやすく、各社共通でインデックス（平均株価）がベンチマークになりました。年金サイドもインデックスをベンチマークにしてくれたら、運用会社間の成績の比較がしやすいので歓迎しました。

つまり日本なら日経平均株価や、ＴＯＰＩＸ（東証株価指数）、米国株市場ならＳ＆Ｐ５００などが、年金運用のベンチマークになったのです。

インデックス（平均株価）をベンチマークにしたら

インデックスがベンチマークになったら、投資の世界がどんどん変わってきました。インデックスを少しでも上回ると、立派な運用だと評価されます。逆にインデックスをちょっとでも下回ると、「運用能力は大丈夫なのか」と言われてしまうのです。

そんな状況を見て、運用会社も考えました。最初からインデックスに連動するように、コンピュータにプログラミングして運用させたらいいのではないか、と思い始めたのです。

個別の企業リサーチを重ねて、「この会社がいい」「こっちはダメだ」などと研究しなくてもいいし、ファンドマネージャーに「どの株をどれくらい買うか」など、株式投資のポートフォリオを作ってもらう必要もない。企業リサーチ部門のコストを削減できるし、高給取りのファンドマネジャーを雇わなくても済む。

コンピュータに運用させるだけだから、顧客から預かる資産がどれだけ増えても対応できる。まさにインデックス運用さまさまだったのです。

このような流れがあって、**1980年代半ばから、世界中にインデックス運用がパッと大きく広がりました。**

その少し前の1976年に、アメリカはバンガード社を創設したジョン・ボーグル氏が「バンガード500」というインデックスファンドを設立しました。最初はなかなかアメリカ市場に受け入れられず、普及に苦労したのですが、年金運用のインデックス化の流れに乗って大躍進しました。

他の運用会社もこれに見習って、コンピュータによるインデックス運用へと次々にシフトしています。**今や、世界の年金運用の半分以上がインデックスと、インデック**

スの先物に投資するコンピュータ運用になっています。
これは非常に効率がいい手法ですが、どの運用会社も似たり寄ったりの運用成績で、差がつきにくいシステムでもあります。

運用会社はより多くの投資資金＝年金マネーを獲得したいと思えば、他社とのマーケティング競争に勝つ必要があります。なんとか自社の優位性を謳わなければなりません。

そこで投資理論や売買のテクニックの高度化を競い合い、少しでも超過リターンを上げようと血眼になっています。コンピュータはもちろん、ＡＩや数式などを駆使するから、よほどの専門家でない限り、もはやついていけないでしょう。

同時に運用の多様化がすごい勢いで進められました。基本となる株式投資ではインデックス運用なので差が出ませんが、他の運用を加えて、なんとか上乗せリターンを得ようというのです。

それで**先物取引はもちろん、オプションなど金融派生商品の開発と普及が急ピッチで進みました。**また**「オルタナティブ（代替的）投資」**といって、通常の債券や株式ではなく、インフラ整備や不動産、未公開株などの領域に投資をするという流れもあります。

実はこの「オルタナティブ投資」では、電源開発や水資源、鉄道建設などのインフラ投資も含まれています。これらは10年、20年という長い時間軸での投資になるので、ちょうど年金運用の時間軸にマッチしています。これが拡大すれば、ようやく年金本来の運用に立ち戻っていくので、歓迎すべき流れです。

とはいえ、やはり年金運用の大半がマーケットを追いかけて、短期の投資運用に明け暮れる世界で行われています。これが現在の投資の世界の主流ではありますが、読者のみなさんの投資には、なんの参考にもならないと断言できます。

これからの世界はどうなっていく？

本書ではみなさんに、本格派の長期投資について伝えたいと思っています。ということは、**街にあふれる投資の教科書や、株式投資セミナーなどは一切必要ありません。**

理由は簡単です。どの本も講座も「いかに投資収益を上げるか」という話ばかり。パパッと儲けようというところから始まり、どうすれば値上がり益にありつけるかまで、どれもこれもマーケットの値動きを見て利ざやを抜こう、稼いでやろうという自己利益第一主義なのです。

本物の投資は、農作物を育てるのと同じように、まずは経済の拡大発展のために貢献しよう、というところから始まります。「自分だけ儲けよう」というのでなく、丁寧に作物を育てて、たっぷり実ったところで、みんなと一緒に秋の収穫を楽しみにする感覚です。

ですから、ぜひ本書を何度も読んで、「本格派の長期投資はこんなものなんだ」という感覚を腹に落とし込んで欲しいのです。

この四十数年間、先進国を中心に、世界は金融緩和をひたすら拡大させてきました。いわゆるマネタリズム理論で、お金をばらまいてきたのです。その結果、一部の人たちの金融所得を異常なくらい大きくし、大多数の人は貧しくなってしまいました。

そこへきて、世界的にインフレ圧力と金利上昇。これまでやり続けてきた金融緩和政策も行き詰まっています。

このあとの世界経済はどうなるでしょうか。

金融緩和で、中身がないのに膨らんでしまった張りぼての経済が、あちこちで破裂していくでしょう。

ゼロ金利にして、資金を大量に提供すれば、経済が成長するという考え方がガタガタと崩れます。

世界経済全体で、大きな混乱が出るのは避けられませんし、一般の人にもいろんな影響が出るとは思います。

でも、その混乱の中から、人々の生活とそれを支える企業活動が立ち上がってきます。みんなに必要とされる企業の活動をベースとした、実体経済がようやく目に見える形で前面に出てくるのです。

それはそのまま、私たちの本物の長期投資につながっていきます。

3 将来を創っていく。それが投資というもの

どんな夢、どんな将来を思い描きますか

すべての経済活動は、なにかの利益を得ようと思って、「お金を手放すこと」、つまり投資をすることから始まります。お店で商売するのも、工場を建てるのも、将来の利益のために、まずはお金を手放すのです。

読者のみなさんも、将来、どこかで投資リターンが得られるのを目的として長期投資を始めます。その時にどうしても必要なのが「なんのためにお金に働いてもらうか」「どんな社会を創っていくか」「子どもたちに、どんな世の中を残してあげたいか」といった、将来への夢や思いです。

「こんな将来を創っていきたい」という明確な夢や思いがあるからこそ、同じような方向で頑張っている企業が見つかります。そして、同じ目的に向かって走っていくパ

ートナーとして、その企業を応援したくなるのです。

これこそが、本物の投資の出発点です。この企業を応援していけば、思い描く将来に向けて、自分のお金に働いてもらえる。だから応援しよう、という意思が働き始めます。

自分自身で頑張って働くのが右足、そして夢や思いを実現するために、意思を持ってお金に働いてもらうのが左足の働き。どちらの足にも自分の意思と夢をのせて、しっかりと未来へ進めていく。そして堂々と自分の人生を生きていくのです。

企業を応援するって、どれほど重要か

本物の投資では「これはと思う企業を応援する」のが行動の原点です。ですから**「応援」**という言葉がキーワードです。

「この会社の株は上がりそうだな」などと金儲けの発想で、その企業の株を買うのではありません。自分の夢や思いと同じ方向でビジネスを展開している企業だからこそ応援する。頑張ってもらいたいのです。

そして**長期投資家は、自分が大事だと思う企業を、もっとも応援しがいのある時に応援します。**それはどんな時でしょうか?

株式市場全体が暴落したり、なんらかの理由で応援したい企業の株式が大きく売られている時です。株価というのは、毎日変わるし、とても移ろいやすいものです。買う人が増えれば株価は上がり、売る人がパッと増えると、株価は急落します。一般の投資家たちは「儲けたい、儲けたい」で頭がいっぱいですから、ちょっとしたことで株価が上にも下にも激しく反応します。

企業経営者からすると、株価の動きは困ったものです。毎日、まじめにビジネスをやっているし、社員にもきちんと給料を払っています。それなのに、株式市場の暴落や、よく理解できない理由で、自社の株価が大きく下がる。すると自分の損得しか考えない個人や機関投資家が、追い打ちをかけるようにどんどん売ってくる。その理不尽な行動に憤りさえ感じます。

そういった株価暴落時や長期低迷時に、本物の投資家の応援買いが入ると、どうでしょうか。企業経営者にとって、どれだけありがたいことか。その会社の経営に対する信頼と励ましですから、経営者は大いに勇気づけられます。

本物の投資家である私たちからすると、その企業はよりよい社会を創っていく上で、大事なパートナーです。**そんな企業の株式が激しく売られていたら、見て見ぬふりはできません。**これが本物の投資家による「断固たる買い」の行動なのです。本物の応援団の出動です。

このあたり、100~101ページの図表6と図表7とを比べてみてください。これが一般的な株式投資と、長期投資の違いです。

応援買いの威力

本物の投資家による応援買いには、いくつか重要な役割があります。

1つ目の役割は、株式市場の暴落時に「買い」が入ること。買いたいという人がいたら、売りに出されている株がどんどん吸収されて、どこかで暴落が収まります。

他の企業もみんな株価が下がっているのに、その企業だけ株価が下げ止まり、むしろ価格が再上昇しそうな気配が出てくると、企業イメージが大きくプラスになります。

「なんで、この企業の株価だけが上がってきたんだろう。よほど好材料が隠されてい

一般的な株式投資〔図表6〕

■ 上昇相場を追いかけて儲けようとする

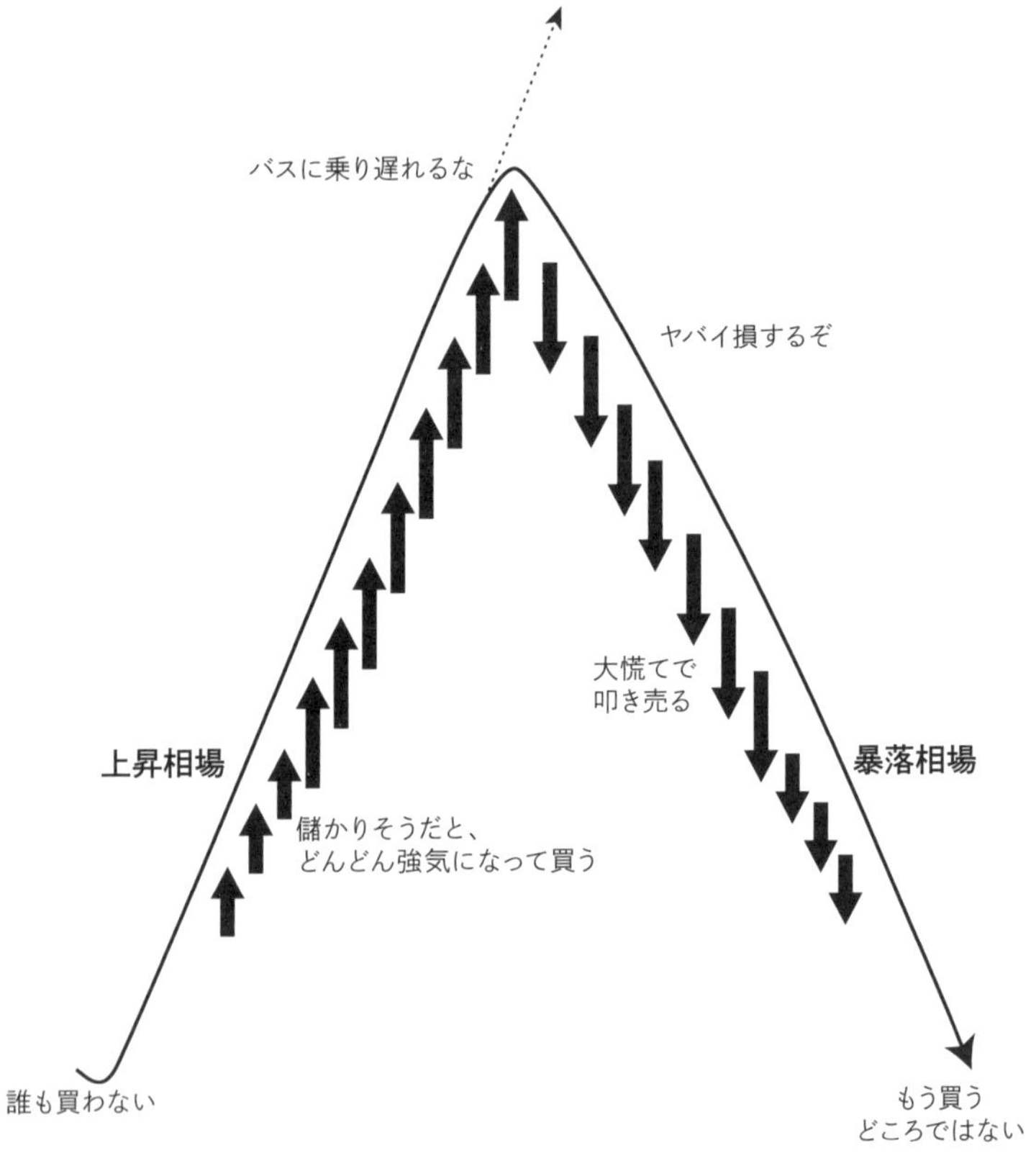
バスに乗り遅れるな
ヤバイ損するぞ
大慌てで
叩き売る
上昇相場
暴落相場
儲かりそうだと、
どんどん強気になって買う
誰も買わない
もう買う
どころではない

買い上がり→買い急ぎ→投げ売り→叩き売りの繰り返しで、
株式投資は難しい、リスクが大きいと嘆くばかり

長期的な株式投資〔図表7〕

■ 株価は上がったり、下がったりする
■ 一般の投資家は儲けようと、高値をどんどん買い上がる（にわか応援団）
■ 長期投資家は応援しようと、暴落相場で買いにいく（本物の応援団）

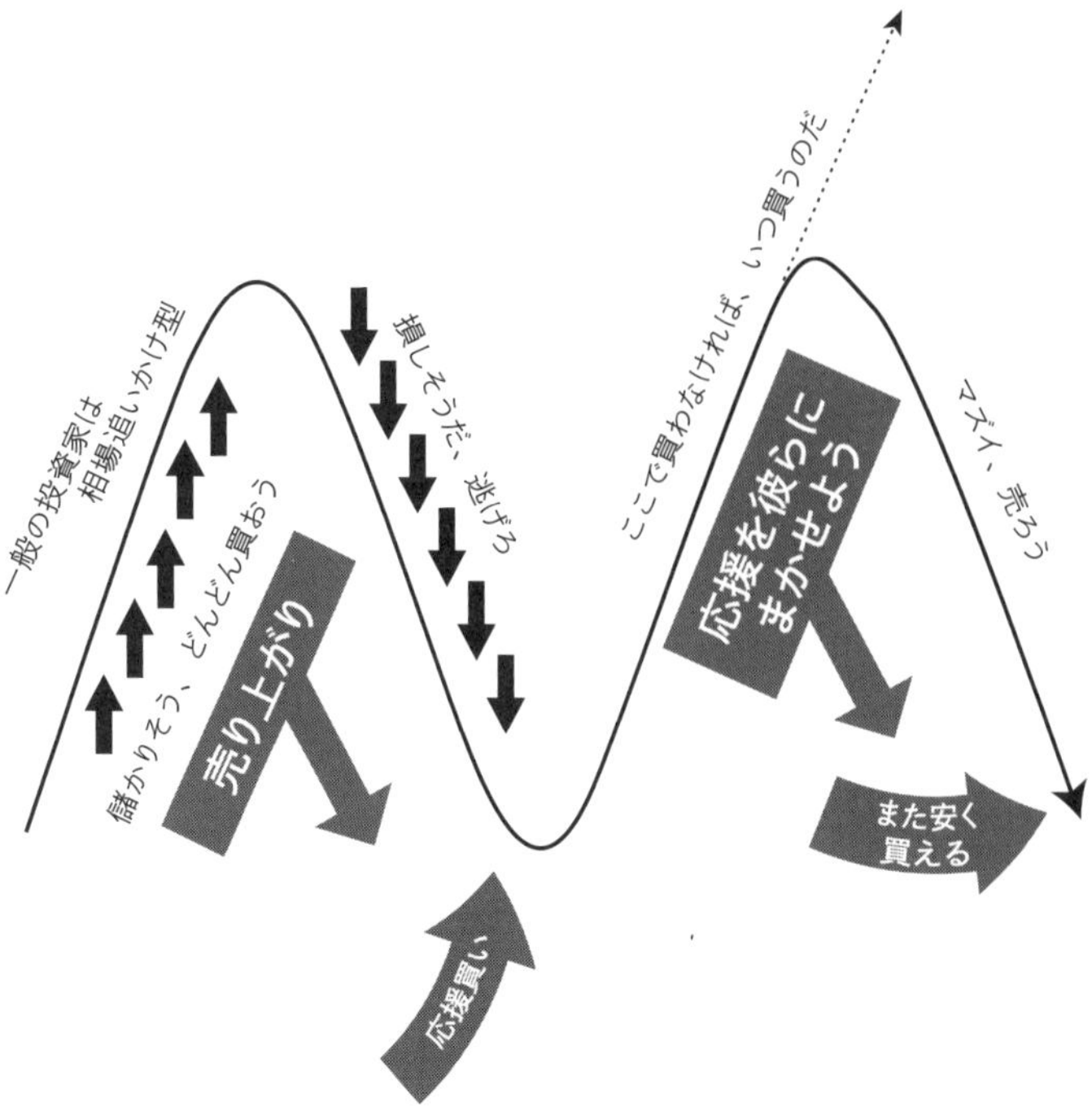

長期投資家の行動パターン

るに違いない」などと、儲けたい一心の一般投資家も一緒になって買い始めるのです。

2つ目の役割は、その企業の経営の後押しをすること。

株式市場の暴落時や長期低迷時、その企業の株価だけがスルスルと上昇すれば、金融機関などからの信用が高まります。すると資金調達もしやすくなるのです。

同業他社が株価低迷であえいでいる最中、新たな投資をして、さっと前向きの経営に入れたら、今後のビジネスの展開がとても有利になります。将来に向けて、積極的な経営ができるのです。

3つ目の役割は、株主構成を変えることです。

経済情勢などが原因で株価が下落すると、一般投資家は我先にと株を手放します。儲けしか考えていない株主が、自然といなくなってしまうのです。

そうやって持ち主がいなくなった株式を、本物の投資家が買っていきます。株価下落など、ものともせず、自社の経営を本気で応援してくれる株主に入れ替わっていくのです。企業にとって、大変にありがたい動きで、ますますよい経営に邁進することができます。

にわか応援団が出てきたら、売ってあげる

さて、今度は経済情勢や投資環境が改善して、株価全般が上がってきたらどうなるでしょうか。

すると「儲けたい」という欲でいっぱいの一般投資家たちが、「あ、しまった、買い遅れた！」と焦って、あとからあとから大慌てで買い始めます。そして株価が上がると、「いやいや、もっと上がるに違いない」と、どんどん強気になっていくのです。

私たち本物の投資家からすると、「なんだ、しばらく前は情け容赦なく売っていたのに」と呆れてしまいます。ものすごく節操がないのです。でも、それが世間一般の投資家の行動なのですね。

彼らがガンガン強気で株を買っている様子は、まさに「にわか応援団」です。企業そのものを応援しているのでなく、価格が上がっていく株価そのものを応援しているわけです。

そういう状況になったら、私たち本物の投資家は、少しずつ少しずつ、株を売ってあげます。しばらくの間、「にわか応援団」に応援を任せるわけです。私たちは暴落相場で応援買いをしていますから、とても安い値段で株を買っています。それを「に

わか応援団」に売ってあげるので、けっこうな投資収益を得られます。

まさに投資の基本である「安く買っておいて、高くなってから売る」ということを、ごく自然に実行できてしまうのです。無理もないし、楽に実践できて、メンタルも絶好調です。

こうやって「にわか応援団」に株を売って得たお金は、次の応援局面に備えて準備しておきます。どうせ「にわか」の人たちは、なにかあればすぐに売り逃げに走ります。その時、私たち本物の応援団が出動するわけです。

本格派の投資というのは、これの繰り返しです。経済情勢や株式市場は、定期的に好不調の波が来ます。それをのんびりと眺めて、マイペースで売買をすれば、無理なく、相当の財産づくりができてしまうのです。心の中も、常に穏やかでいられるというわけです。

そのあたりを図式化したのが左ページの図表8です。じっくり眺めてみてください。

企業を応援する、それが長期投資だ〔図表8〕

■ 応援しようとするから、暴落相場を買いにいける
■ 長期投資家による応援買いが、企業を強力にサポートする

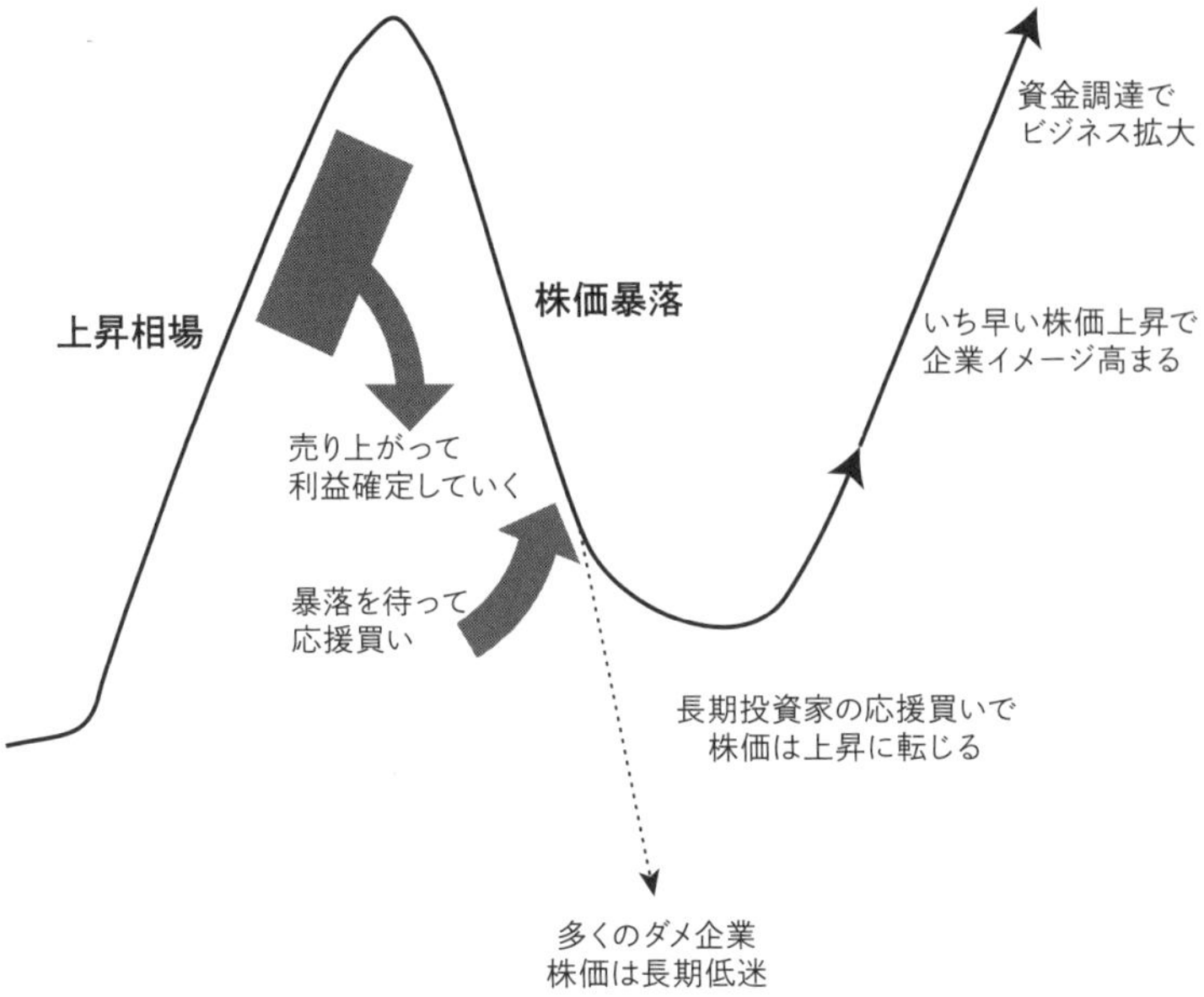

生活者投資家になろう

本書をここまで読んでみて、どうでしょうか？　世の中に多い一般の投資家より、本物の投資家の方が、ずっと素敵な存在に見えてきませんか。

でも実は、もっともっとスゴイことも実践できる存在なのです。

今の時代、企業の置かれている状況はとても厳しいです。まず、どこの企業も、年金などを運用する機関投資家が大株主になっています。そこへアクティビストたちが「もの言う株主」として入ってきて、企業にもっと株価を上げるよう、いろんな要求を突きつけてきます。機関投資家たちも株価が上昇すれば運用成績も上がるので、アクティビストに無言の同意をします。

大株主の要求には、どの企業も逆らえません。短期で企業利益を上げるように努力させられたり、株価を上げるための自社株買いなどを優先します。

その一環で、あまり儲かっていない地方の工場を閉鎖し、売却しようという話が出てくることがあります。そうすれば短期的に利益が出るので、大株主が要求してきますし、東京の本社も受け入れます。

ところが、その工場は地方経済で重要な位置を占めています。大きな雇用を生んでいて、従業員の家族もたくさん暮らしています。出入りの業者や地元の商店街にとっても、その工場があるからこそ、その地域の経済がまわっているのです。

確かに、あまり儲かっていないにしても、多くの人々にとって生活基盤になっている大事な工場や会社を、大株主やアクティビスト、本社の意向で簡単に潰してしまってもよいのでしょうか。

そういった事態に直面した時、生活者株主というのは対抗勢力になることができます。自分たちの生活や地域経済を守るために、その地域の人たちが、こぞって株主になり、機関投資家に対抗するのです。

もちろん、年金などの巨額資金を預かる機関投資家に比べたら、生活者株主の力は弱いし、議決権（株主総会で投票する権利）もずっと少ないけれども、マスコミに注目されたり、世の中から賛同を得られる可能性もあります。

ちょうど、アクティビストがわずかな株式保有で企業にもの申すのと同じです。しかも目的は「自分だけ儲けたい」のではなく、地域社会を守りたいから。世論が高まり、社会の支持を集めたら、大きな力になります。

この生活者株主の考え方こそ、これからの社会をになう若い読者のみなさんにぜひ理解してもらいたいと願っています。

普通の庶民が本物の投資に慣れ親しむことで、財産づくりが進むのと同時に、生活者株主として暮らしよい社会を創っていくため、企業経営に大きな影響を与える力も備わるのです。

株式投資が財産づくりの王様です

本当の投資をしていれば、これぞと思う企業を応援するわけですから、読者のみなさんの思い描く、よい将来を創っていくことができます。

また先にも書いたように、暴落相場のような安い時に株を買い、高くなってから売るという投資なら、誰がやっても同じように成績の出る確率が高いです。そうして投資額が10年間で2倍に増えたら、年率7・2%になるので、十分な成績です。複利の雪だるま効果で財産づくりはどんどん加速し、将来不安とは無縁の人生を送ることができるのです。続けるほど、投資メンタルは強くなり、迷いがなくなります。

それにしても、**長期の財産づくりで、株式投資というのは、実に素晴らしい仕組みです。**

ペンシルバニア大学ウォートン校のジェレミー・シーゲル教授は、投資リターンの研究で世界的権威として知られています。シーゲル教授は過去１００年を超す投資の結果を調査していて、その分析が大変、興味深いのです。

30年、40年の長期で、一般的な株式投資を続けると、インフレを差し引いて、年６％ちょっとの成績になります。一方、債券投資はインフレを差し引くと、１％ほどの成績でしかないとのこと。**つまり長期の財産づくりには、株式投資が圧倒的に有利なのです。**

どうして、こんなに大きな差が出るのでしょうか。

債券や、その他の投資対象というのは、すべて、その時々の金利水準に沿ったリターンがあるだけです。今の日本社会のように、金利がうんと低かったら、少ししかリターンがありません。

その点、株式投資は違います。企業が1年間、頑張って成長して、去年よりもさらに利益を上げると、その分、企業そのものの価値が高まります。「将来性のある企業だから、株を買おう」と思う人が増えて、株価が上がるのです。利益成長というプラスアルファが投資の大きなリターンになります。まさに株式投資こそ、財産づくりの王様なのですね。

それは、長い歴史で実証されています。左ページの図表9をじっくり眺めてみてください。株式投資を長期スタンスで構えると、こんな成果となっています。

そんな株式投資のスゴさに加えて、私たち本物の投資家は応援企業と一緒に、よい社会を創っていくという、さらなる魅力あふれるプラスを上乗せできるのです。読者のみなさんも、わくわくしてきませんか？

いろいろな暴落を経ても、株価はならすと年10%の伸びを示している〔図表9〕

■ われわれは生きている間に、いろいろ「大変な事態」に遭遇する
■ その都度、株式市場は「なんとかショック」で大暴落する
■ 世の中が落ち着いてくると、株価は大きく戻し、後でならしてみれば年10%くらいの伸びに落ち着いている
■ 大恐慌時も、石油ショック時も、ブラックマンデーでも、世界の株価は30〜90%下落したが、後で3倍戻しをしている
■ したがって、なんとかショックと称される暴落相場は、長期投資家にとって絶好の仕込み場となる
■ その時々の相場で大騒ぎされている人気株は他の投資家に任せ、生活者にとって大事な企業のみを厳選して投資しよう

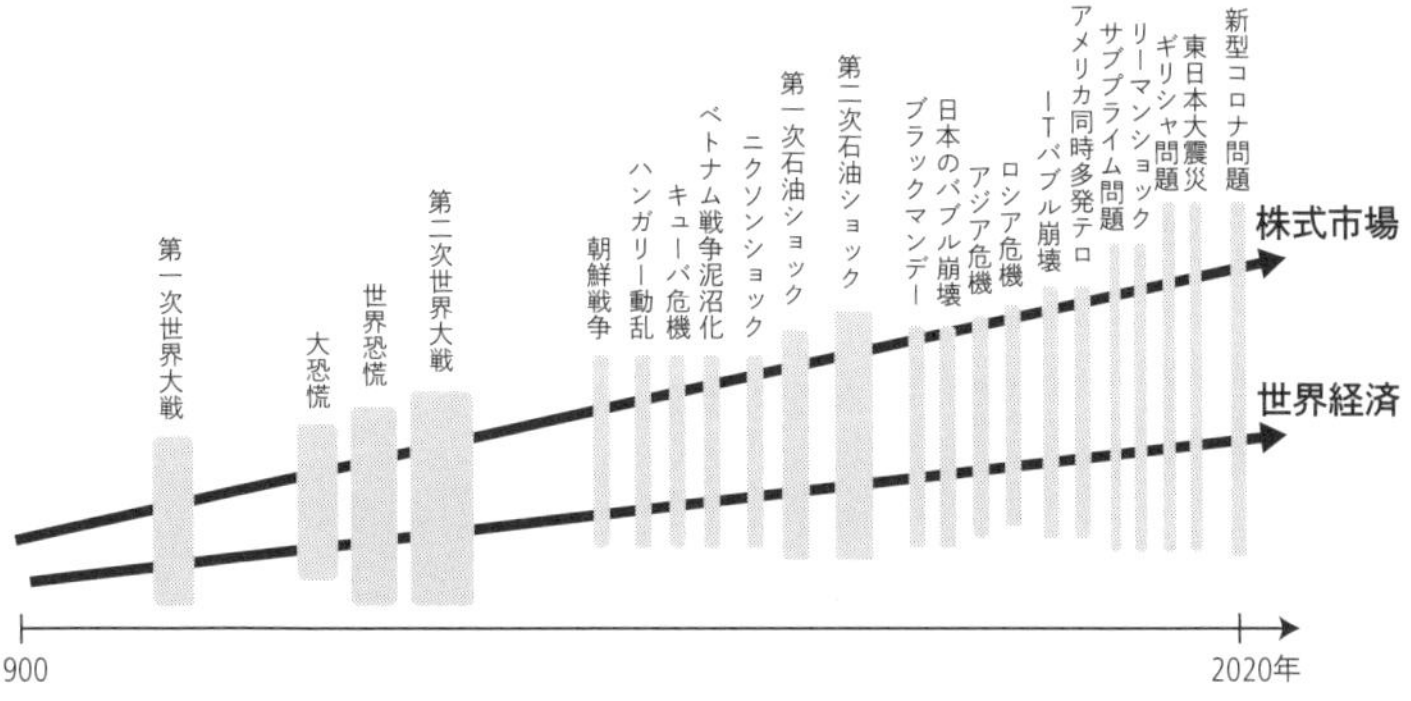

第2章のまとめ

金儲け主義の投資が多すぎる

・マーケットでの株価の変動を捉えて儲けようとする人たちが多い
・企業に圧力をかけて株価を上げさせ、高値で売り抜けるアクティビストもいる
・人気のGAFAMやステラ株もこの先どうなるかはわからない
・本物の投資は5年10年じっくり待つのが当たり前

年金マネーが世界の投資を変えた

・1980年代から増えてきた年金の積立金が、投資の世界を変えた
・年金運用ビジネスが過当競争になり短期運用が広がる
・インデックス(平均株価)が運用の基準値に→インデックスファンドの誕生

本物の投資は将来を創っていく

・「これはと思う企業を応援する」のが本物の投資の基本
・株式市場が暴落したら、応援買いをする
・株価が上がったら「にわか応援団」に少しずつ売ってあげる
・生活者株主は、人々の生活基盤を守ることもできる
・長期の財産づくりには株式投資が圧倒的に有利

第3章
生活者のための財産づくり

1 どんな投資商品を選ぶのか？

財産づくりのための投資を学ぼう

ここまでは「本物の投資」という立場から、投資の世界全般を説明しました。さて、ここからは、**一人ひとりの財産づくりを念頭に置いた投資**を考えていきましょう。読者のみなさんにとっても、一番大事なテーマだと思います。

投資を含めて、すべての経済活動は、大きな流れに沿って、合理的に進めることが重要です。ちょうど、水が高いところから低い場所へ流れるように、ごく自然体でいるとよいのですね。

そして、**お金の全体的な流れを知るには、「景気」を意識すること**が重要です。

景気というのは、よくなったり、悪くなったりを繰り返します。それは人々の欲望のあり方と深く関わる現象です。

儲かりそうな時は、人も企業も「もっと儲けよう」と思って、欲望をどんどん膨らませます。新しい店を開いたり、工場の設備を増やしたりなどの、投資を加速させるのです。儲かっているから、消費意欲も高まって、買い物も増えるでしょう。すべての動きが経済活動を大きくして、景気がますますよくなります。

その好循環が続いていくと、企業も拡大投資のピッチが上がり、さらなる資金が必要になってきます。すると資金調達のための金利が上がってくるのです。

そのうちに、さすがの好景気も過熱気味となります。その頃には、金利も相当に高くなっているから、借金をしている企業は経営が厳しくなってきます。それで、企業経営は拡大から縮小へと変わっていきます。これまで増やしてきた支店を閉鎖したり、投資も減っていきます。個人消費はまだ元気がありますが、賃金の伸びが減って、人々の心にあった欲望も急速にしぼんでいくのです。

そして、どこかで景気はピークを迎え、下降へと転じます。企業の資金需要も急減するから、銀行などが高くつけていた金利も下がってしまいます。

景気が失速したとなると、政府や中央銀行は低金利政策を始めます。「金利をグッと安くするから、企業はお金を借りて、頑張って経営を拡大してください」ということです。

しかし、この**低金利政策は、家計がもらうはずの利子所得を減らします。**たとえば、今ならメガバンクの普通預金金利が０・００１％しかありませんね。つまり家計から利子所得のお金を削り、その分を企業へ渡してあげるということ。半強制的な所得の移転です。

低金利政策は、企業活動が活発になり、景気が力強く浮上してくるまで続けられます。景気が浮上してくれれば、また人々の欲望が膨れ上がって、経済活動が拡大する流れに突入するのです。

この一連の流れを、**景気サイクル**といいます。

アセット・アロケーションの切り替え

財産づくりは、お金の全体的な流れ、景気サイクルに沿って進めるのが基本です。株価が上がった、下がったなどに一喜一憂する世界とはまったく異なります。

そのために必要な考え方が**「アセット・アロケーションの切り替え」**です。聞き慣れない言葉かもしれませんね。アセットとは「資産」、アロケーションは「配分」。つまり資産の配分を切り替えるという意味です。

①株式を買う時期

世の中の景気が悪くなって、企業の元気がなくなり、資金を借りようという動きが減ると、政府や中央銀行が低金利政策をやって、なんとか景気を上向きにしようとします。これは前述したように、家計から企業へ半強制的に所得を移転させることになります。家計にとっては辛い出来事です。もらえるはずだった利子収入が減ってしまうのですから。

これを嘆いていても、失われた利子収入は戻りません。どうしたらいいのかというと、**一番の方法は、株式投資をすること**です。

企業にとっては、低金利でお金を借りられて、将来の利益のために積極経営ができます。経営者は「これはありがたい」と思って、経営を拡大していく。それがうまくいって、将来、企業収益が増えると株価も上がっていくでしょう。

ということは、**低金利の時代は迷うことなく、自分のお金の置き場所を１００％、株式投資にしておくといいのです。**預貯金としてゆうちょやその他銀行に入れておいても、金利が低いから意味がありません。

②株式を売る時期

そのうちに景気が上向きになると、それを先取りする勢いで株価が上昇していきます。ほら、低金利時代に株式投資をしていた効果が表れてきたでしょう。しばらくは、そのまま株式を保有し続けて、株価の上昇を楽しく眺めていましょう。

景気上昇が急ピッチになって、勢いがついてくると、少しずつ金利が上昇を始めます。まだ様子を見ていてもよいですが、**かなり金利が上がってきたな、と思えるようになったら、保有株を少しずつ売っていきます。**最終的には70〜80％を現金化してもかまわないのです。これを**利益確定**といいます。

こうして得た現金は、預貯金に入れておいてよいでしょう。その頃は高金利ですから、金利収入が得られます。これも財産づくりの投資の一環です。

③債券を買う時期

高金利が続くと、そのうちどこかで景気が失速して、少しずつ不景気になっていきます。その頃から、**いよいよ債券投資を始めます。**

金利が高い時というのは、債券がどんどん売られ、ボロボロの安値になっているわけです。その安いところで、債券を買っていくのです。売らずに残しておいた株式20～30％を別にした、残りの資産をすべて債券にしてしまっても大丈夫です。

④債券を売る時期

景気が悪化すると、政府や中央銀行はまた低金利政策を始めますから、今度は債券価格が上昇していきます。金利と債券価格は反比例するので（金利が下がると、債券価格が上がる）、**「低金利＝債券価格の上昇」**という流れになります。

高金利の時に、安値で買い集めた債券は、金利低下につれて、素晴らしい値上がりをしてくれます。これまた、ごく自然体で立派な投資収入が得られます。**景気がさらに悪化して、金利もずいぶんと低くなったなと思える頃から、今度は少しずつ保有債券を売っていきましょう。**ここで利益が確定します。こうして手に入れたお金で、①株式を買う時期に戻っていきます。

①～④までの一連の作業が「アセット・アロケーションの切り替え」です。景気のサイクルと金利の動向に沿って、**株式↓現金↓債券↓株式**という具合に、投資対象を切り替えていき、その都度、それぞれの投資で収益を手にします。

この一連の作業は、長期投資の基本中の基本です。

その時々の経済と大きなお金の流れに沿って、投資対象を切り替えるのは、自然の流れに沿った合理的な行動です。その中で無理なく投資収益を得ていくのです。「春に作物を植えて、秋の実りを待って、収穫し、また翌春に備える」という行動と変わりません。

ともあれ、左ページの図表10を見て、しっかりとアセット・アロケーションの切り替えを納得いくまで、学んでください。

そんなにうまくいくのか？

「アセット・アロケーションの切り替え」は、説明を聞くと、なるほどと思う。でも実際に、そううまくいくものなのか。

そういう質問がたくさん出てくるのはもっともなことです。なにしろ景気変動のサイクルが、なかなか絵に描いたような展開にはなってくれません。

その典型的な例が、この30年間の日本です。ご存じのように、日本の経済はずっとジリ貧の低成長で、景気サイクルどころではありません。ずっとずっと不景気のまま

アセット・アロケーションの切り替え〔図表10〕

■ 経済の流れに沿った合理的な投資ができてしまう
■ お金の流れを先取りしていく投資の王道

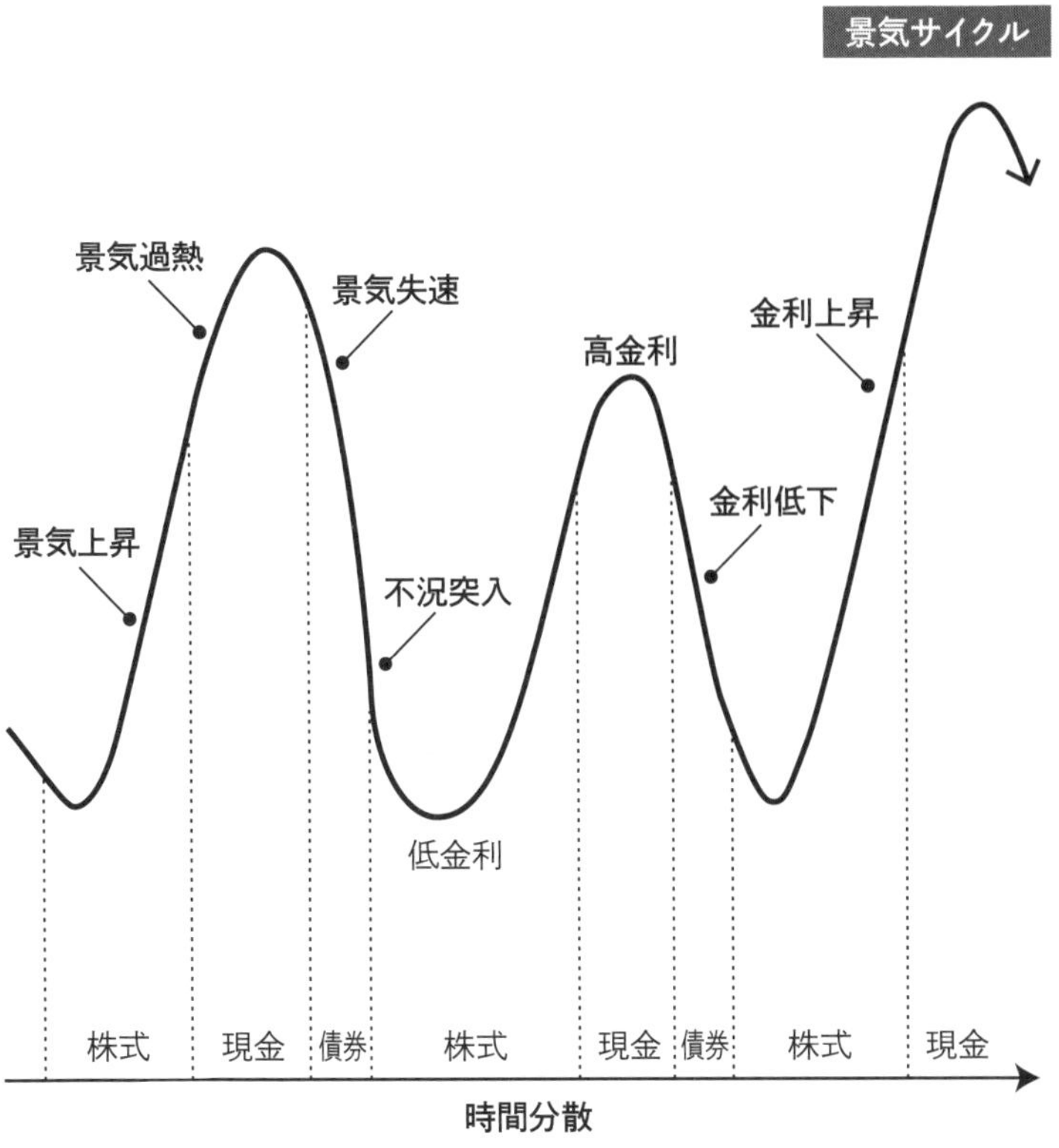

なのです。

とはいえ、日本経済が死んでしまったわけではありません。もちろん、「アセット・アロケーションの切り替え」という考え方、長期投資の基本は、しっかりと生き続けています。

日本経済は「失われた30年」と言われるように、ずっと長期低迷をしてきました。そして超低金利政策から、さらにはゼロ金利政策が続けられてきました。

「アセット・アロケーションの切り替え」で考えると、①株式を買う時期にあたります。ずっと株式投資を続けていれば、なにも問題はなかったのです。30年間、家計から利子所得を奪い、企業へ与え続けてきたのですから、私たちは株式投資以外にお金の置き場はありません。

なにしろ預貯金は年0・001%の利子ですから、まったくお話にならない。また債券投資をしても、たいした利回りにはなりません。

私事で恐縮ですが、この超低金利とゼロ金利下で**「さわかみファンド」はずっと株式投資をしてきて、長期低迷の日本経済でも年平均約6%の成績を残しています。**それも、24年近い長期の実績で。この不景気でも企業はそれなりに頑張って、成長をしているということなのです。

そして、今、とても大事なことは、どこかでやってくる景気上昇への準備です。日本の景気がよくなってくれば、株価全般が上昇します。その勢いに乗って、さわかみファンドは一層の成績向上が期待できます。

また景気回復にともなう金利上昇で、債券価格は下落します。すると今、債券を持っている人は、値段が下がって損を出すことになります。「さわかみファンド」の運用では低金利時に債券に投資することはあり得ないので、債券投資は一切していません。債券による損失リスクは皆無というわけです。私たちはかねてから「アセット・アロケーションの切り替え」から一歩も離れずに運用を続けているのです。

ここで言いたいのは、**「アセット・アロケーションの切り替え」が、経済合理性に沿った投資行動**だということです。

どこにも無理がなく、大きなお金の流れを読んで、それを先取りしていく。その結果、ごく自然体で投資収益を得られるのです。これまで散々、書いてきた一般のマーケット追いかけ型の投資家とはまったく違う考え方で投資をするので、再現性（誰がやっても同じ結果になる）が高いし、財産づくりにはうってつけなのです。

株式投資だけではダメ？

本格的な財産づくりを進めていくにあたっては、株式や債券、投信などの金融商品を活用します。

ただ前項でも書いたように、株式投資は財産づくりの王様です。ですから「自分は株式投資一本やりで財産づくりを目指す」という方法でも、決して間違っていないのです。

ただ株式投資だけでいくには、相当に手慣れた投資家でないと難しい側面があります。また、ある程度の金融資産を保有している人が、余裕を持って取り組んだ方がいい手法でもあります。

読者のみなさんをはじめ、若い人たちがこれから財産をつくるにあたり、株式投資にだけ集中すると、バクチ投資になってしまいがちです。ここまでずっと批判してきた、一般的なマーケット追いかけ型の投資に引きずり込まれてしまうのです。

いったん、マーケット追いかけ型の世界に入ってしまうと、大きく値上がりしそうな銘柄を見つけようと、マーケットの時々刻々の株価変動を、目を皿のようにして追い続けることになります。そして儲かりそうな銘柄に飛びつきますが、往々にして高値で買ってしまい、ひと儲けどころか、損をして苦しむことになります。

本物の長期投資家なら、応援するぞと前もって決めていた企業の株価が、なんらかの理由で大きく売られ、価格がグッと下がった時に買いに入ります。したがって高値をつかむということはあり得ません。そして株価が大きく上がったところで、おもむろに利益確定の売りを出していきます。この繰り返しで、ゆったりと財産づくりを進めていくのです。

読者のみなさんも、このような本物の投資に慣れていけば、いつかは株式一本やりの財産づくりも、自分のペースでできるようになります。そんな自分の成長に驚く日が、いずれは来ることでしょう。

ただし、いきなり始めない。最初は「アセット・アロケーションの切り替え」を理解して、少しずつ慣れていきましょう。

2 投資信託は、本当にすごい味方なんだけれど…

一般生活者のために生まれた

昔、投資運用といえば、かなりの資産を持っている富裕層のものと決まっていました。彼らは専門家に個別相談し、資産の管理と運用を任せていました。その方が安心できるし、自分の仕事などの本業に専念できます。

一方、普通の庶民はどうでしょうか。収入も低くて、毎日の生活でギリギリ。とても投資運用にまわすお金などありません。

そんな中でも、なんとかお金を運用できないかと思う人々もいました。19世紀のはじめ、ヨーロッパでナポレオン戦争が起こり、戦争で夫を亡くした女性など、国から一時金を手にした人々がいました。その人たちはその資金を頼りに、子どもたちを育て、自分も生きていかなければいけません。運用ニーズが高まっていったのです。

運用といっても、庶民の小口資金では、富裕層のような個別対応はできません。そこで自然発生的に生まれたのが**「投資信託」**でした。

「投資信託」の仕組みを説明しましょう。投資信託は大きな入れ物のようなイメージで、この中にさまざまな種類の株式が少しずつ入っています。投資信託を買うと、それらの株式をまとめて購入できるのです。

しかも一般的な株式投資などと違って、1万円とか5000円というわずかなお金で、誰でも手軽に買うことができます。

その投資信託の原型が、1815年にスコットランドのエディンバラで「Widows' Fund」として誕生しました。戦争で夫を亡くした女性などからの小口資金を、このファンドに集め、専門家が長期投資で運用するという流れです。ひとつのファンドとして投資運用できるので、専門家に運用を委託する費用もわずかで済みます。

大変優れた金融商品だったので、世界中に広く普及していきました。この仕組みなら、小口資金をいくらでも引き受けられるし、一般生活者の財産づくりにぴったり。まさに庶民の最大の味方なのです。

日本では悲しい歴史が

そんな優れた投資信託ですが、残念ながら日本では悲しい発展の歴史をたどってきました。投信会社の親会社にあたる証券会社や銀行の手数料稼ぎの道具として扱われてきたのです。

そもそも日本では投資信託の本数がものすごく多いのです。誰もが自由に購入できる公募投信のファンド数は６０００本を超えていて、東京証券取引所に上場している企業の数をはるかに上回っています。

なんで、こんなことになるのか。理由はとても簡単です。

大手証券や銀行は、株式などの売買手数料、投資信託の販売手数料、それに株式や債券の新規発行引き受け手数料をおもな収入源にしています。当然のことながら、顧客が株式や投資信託をひんぱんに売り買いしてくれると、それだけ手数料収入が大きくなるのです。それが回転売買です。

顧客に新しく買ってもらうには、新商品が必要です。そこで、大手証券や銀行は、傘下の投信会社に次々と新しい投信を設定させ、それを売りました。その都度３％ほどの販売手数料が稼げるので、大満足というわけです。

証券会社は、回転売買を営業の柱として、社員に厳しいノルマを課しました。昭和の時代、ノルマを達成できそうもない社員は、片手と電話の受話器をガムテープでくくりつけて、朝から晩まで顧客に電話をかけ続けさせられたと、笑い話のような実例があります。業界最大手の証券会社を「ノルマ証券」と揶揄したものでした。

一方の顧客は営業マンに勧められるまま、株式や投資信託を買い、次から次へと乗り換えさせられます。すると、その度に手数料を取られるので、さほど儲かりません。証券会社による乗り換え営業、回転売買の結果に過ぎないのですが、日本の投資家にとっては不幸な歴史です。このあたりから「投資が難しい、リスクが多い」という認識が定着していったのでしょう。

当時は、日本経済の高度成長を背景に、株価は猛烈な右肩上がりの上昇を続けました。この上昇トレンドに乗りたい新しい投資家が、どんどん集まってきます。その様子を見て、証券会社は商魂たくましく、さまざまな商品を考え出しました。ＩＴとかロボットとか、その時々で人気になっている投資テーマを前面に出した、新しい投資信託を設定し、大々的な営業を展開します。相場も上昇基調にあるし、買えば儲かりそうな香りがプンプンしています。

その流れに乗って、大々的に営業をかければ、新規の投信募集に投資家がワーッと買い群がってきます。販売を担当した証券会社や銀行は、ガッポリと販売手数料を稼げるという流れです。


そのきわめつきが2000年初めに設定された「ノムラ日本株戦略ファンド」でした。当時、株式市場では情報通信やIT関連株が大ブームとなっていたので、その勢いに乗り、「1兆円ファンド」という前代未聞の巨大ファンドが設定される、というセールストークを前面に出したのです。

株価上昇と「1兆円」という言葉が大人気となり、また最大手証券会社による強力な営業もあいまって、「ノムラ日本株戦略ファンド」は首尾よく1兆円の販売目標を達成しました。

販売サイドが得た販売手数料は、約300億円。また新ファンド設定のために1兆円分の株式の買い付けが必要ですから、巨額の株式販売手数料が転がり込んだのです。

これにプラスして、ファンドの資産残高に応じた顧客口座管理者報酬が毎月入ってくるので、笑いが止まらないでしょう。

そうやって一世を風靡した「1兆円ファンド」ですが、その後は成績が伸び悩み、現在は純資産500億円に激減。1兆円というネーミングに踊って、このファンドを購入した投資家は大損をしましたが、販売を担当した証券会社は痛くも痒くもありません。結局、儲かったのは証券会社などの販売サイドだけです。

大量設定↓大量解約↓野たれ死に

日本の多くの投信会社は、大手証券会社や銀行の子会社です。**親会社としては長期的によい運用をすることなどよりも、販売手数料で儲けたいと考えています。**投信会社に命じて、投資家の間で人気の高まっているテーマの投信ファンドを設定させ、それを大々的に販売するのです。ですから投信会社の多くは、親会社の儲けのための下働きに奔走してきたのです。

長期投資を心がける投信会社ならじっくりと相場を見て、欲しい株を安値で拾おうとします。しかし、こういう人気テーマで設定された投信ファンドは、販売サイドの営業や宣伝の都合もあり、時間をかけさせてくれません。往々にして相場のピークで株式を大量に購入し、それこそ1か月以内で、ファンドのポートフォリオをほとんど構築してしまうのです。顧客がこのファンドを買うということは、その資金で人気テーマの株式を買い、ポートフォリオに組み入れることになります。もともと価格の高い株を、さらに買わないといけないのです。

ここで問題は、相場の変化です。

さすがの上昇相場も、どこかで天井を打つと、株を高値で買い付けて設定した新しい投資信託は、ガタガタと基準価格が下落していきます。発売時に湧き上がっていた投資家人気も、うそのように沈静化していきます。成績も悪いですから、投資家からのファンド投げ売りが殺到します。これが大量解約の嵐です。

こうなると、投信会社の運用サイドでも、なすすべがありません。解約のために現金が必要なので、株価が下がっていても、保有株をバンバン売っていきます。すでに下落相場となっているところへ、大量の換金売りを出すので、株価はさらに落ちていきます。

1年もしないうちに、ファンドの資産残高は激減します、もう、そこから先は運用

大量設定・大量解約・野たれ死に〔図表11〕

- 日本の投信は販売サイドの手数料稼ぎの道具
- 人気相場に乗って、大量販売し、手数料をガッポリ稼ぐ
- 相場下落で大量解約を受けたら、次のファンドへの乗り換え営業に走る

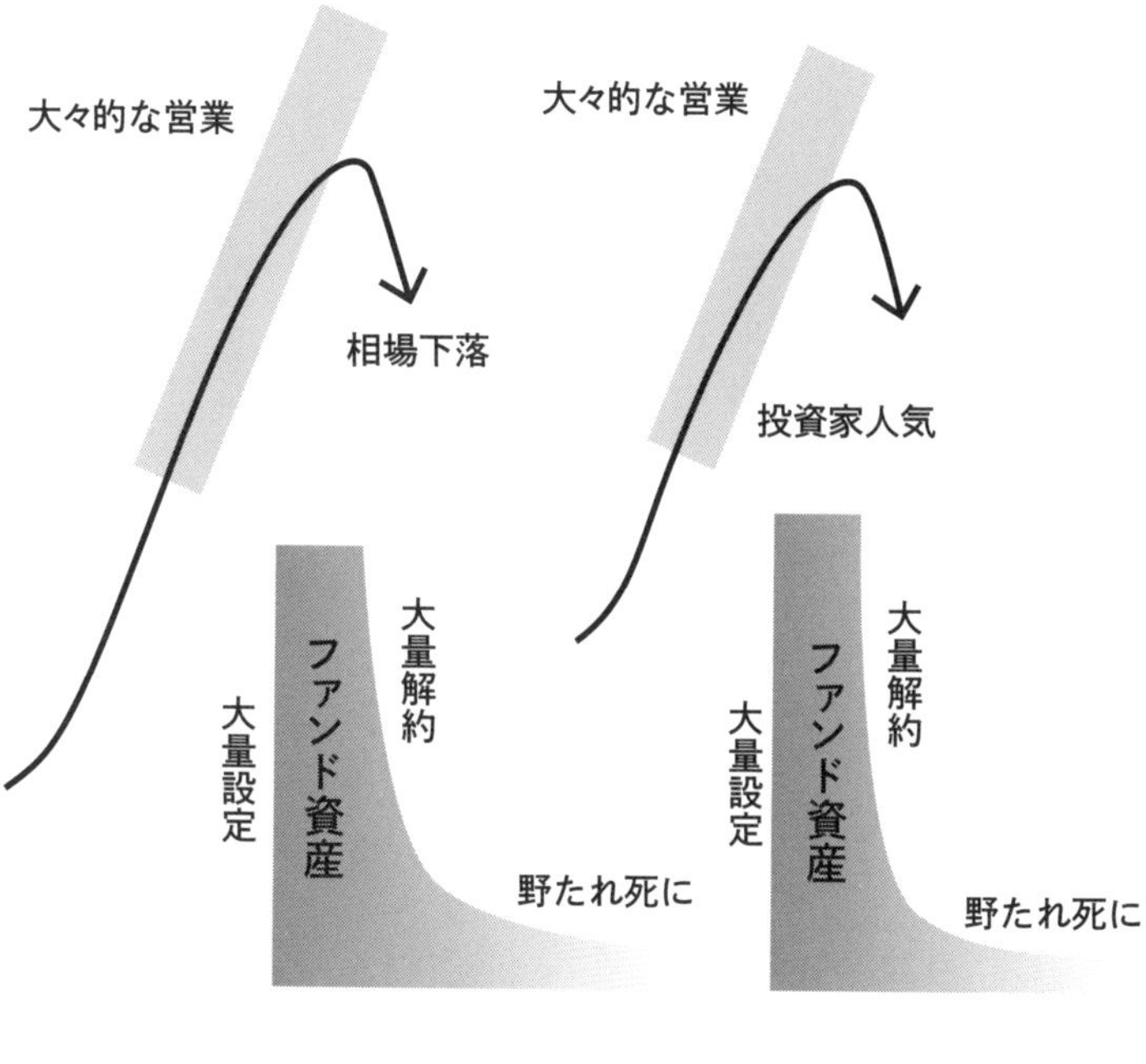

にはなりません。仮に運用サイドが頑張って、下がり続けるファンドの基準価額を高めると、「待ってました！」と、基準価額の戻りを待っていた顧客が売ってくるのです。

かくして、**投資信託設定から2年も過ぎると、どの人気ファンドもウソのような残骸になります。**もはや運用にも力が入らないし、ファンド維持のコストだけが投信会社に覆いかぶさってきます。これが「野たれ死に」の状態です。

そのあたりを図式化したのが前ページの図表11です。これが日本の投信業界の悲しい現実でした。

このように**大手証券会社や銀行など、販売サイドの「手数料商売」に振り回されてきたのが、日本の投信会社です。**

ほとんどのファンドが「大量設定→大量解約→野たれ死に」の道をたどります。そして残骸のような投信ファンドの山が、ピーク時には６４００本を超すまでに積み上がったのです。これが、日本の投信業界で昔から繰り返されてきた、なんとも無意味な投資運用なのです。

親会社の意向であれば、投信会社は文句のひとつも言えません。また親会社から出向してきた上層部は、投信運用会社としての矜持《きょうじ》も責任感もありません。

一番割に合わないのは、個人投資家など顧客です。投資信託は本来、小口投資家である生活者の財産づくりのために生まれたのに、まともな運用は2年程度しかできない状態ではお話になりません。

せいぜい投資慣れした個人顧客が、人気の投信をパッと購入して、さっと売り抜けるくらいの価値しかないのです。本当に不幸な投信の歴史です。

金融庁の指導で改善しつつあるけれど

昔から、投資家顧客を大切にしてこなかったのが、日本の投信業界です。最近は金融庁の強い指導もあって、少しずつお行儀がよくなってはきています。とは言っても、52年余り、世界の投資運用業界に身を置いてきた私からすると、まだまだお話にならないレベルだと断言できるのです。

いくつかの問題的を指摘しましょう。

①投信ビジネスの主体が販売サイドにある

投信会社が「こんな投信ファンドを投資家顧客に提案したい」と考えても、彼らは販売ルートを持っていません。どうしても、販売を担当する証券会社や銀行に相談せざるを得ません。

提案を受けた販売サイドは、その時々の投資家人気などを見て、大量販売しやすいかどうかを検討します。その上で「これなら、かなり売れそうだな、販売手数料を稼げそうだ」と思えるファンド企画だけを採用するのです。

販売しやすい新規ファンドとなると、今、投資家の間でも関心の高い投資テーマに限られてしまいます。それらは、もうかなりの程度、株価が上昇しています。だから販売しやすいのです。

運用会社からすると、人気相場を後追いするようなファンドを新規設定しても、成績を上げるのは大変です。とはいえ販売サイドの意向も無視できず、**投資家人気追いかけ型ファンドを設定するという悪い習慣から抜け出せない**のです。

②投信会社の経営や運用に主体性がない

日本の投信会社の経営や運用は、大手証券や銀行など、親会社から送り込まれてきた人間が中心になって行います。

彼らは証券や銀行業務のベテランですが、投資運用ビジネスで育った人たちではありません。投信会社がもっとも大切にしなければならない投資家顧客に対する責任意識などはなく、目線は親会社である大手証券や銀行を向いています。**親会社によかれという方向で、投信会社の経営や運用にあたっている**のです。

そもそも、証券や銀行などの金融ビジネスと、資産運用ビジネスとでは、顧客層も、経営や運用の時間軸もまったく違います。業種が違うと言ってもいいくらいです。そこを理解できず、自分たちがやっている金融ビジネスの延長線上で投信ファンドを設定し、運用しているのです。

大手証券や銀行出身の人たちは、「投資家顧客の熱い支持を得て、投信ファンドをじっくり丁寧に、そして大きく育てていく」という感覚など、そもそもないに等しいのです。それより、いかに親会社の収益に貢献できるかを重視しています。

③投信会社の経営の不安定性

日本の投信会社の多くは赤字か、そうでなくても苦しい経営を続けています。「投信ファンドの大量設定・大量販売・野たれ死に」の結果、残骸のようなファンドを数十本から数百本も抱えているのですから。

それら残骸でも公募ファンドとして、それなりの運用と事務管理を必要としますし、ファンド決算や監査の義務が課されています。「野たれ死に」状態が続いていても、存続している間は、さまざまなコストがのしかかってくるのです。

さらに最近は、信託報酬の引き下げ競争が激化しています。投資家顧客のため、という宣伝文句ですが、その裏では販売サイドの意向が忍び込んでいます。信託報酬の安さを売りにして、ファンド販売を伸ばそうという発想なのです。

どの投信会社も「赤字になれば、親会社に頼ろう」と甘えているのでしょう。そんな頼りない経営では、投資家顧客の財産を守るという重大な仕事をまっとうできるはずがありません。

ここへきて、もうひとつ大きな不安があります。今、投信会社がこぞって「つみたてNISA」にのめり込んでいるのです。とりわけ、2024年から始まる「新NISA」では20年の枠が外され、ほぼ無期限で積み立てファンドを運用、管理していくことになります。

無期限ですから、20代の顧客の場合、40年、50年という長期運用が必要になります。そんな長期間の運用責任に耐えられるだけの経営体力があるのでしょうか。

では、どう選べばいいの？

6000本もある投信ファンドの中から、いったい、どうやって自分の財産づくりに適したものを選べばよいのでしょうか。

正直なことを言うと、ここまで列挙してきた問題点から見ても、ほとんどすべての投信ファンドは遠慮したいところです。日本の投信業界を見るに、果たして10年、20年と資産運用を任せてよいのか、不安が高まるばかりです。

最近は金融庁による締め付けが厳しくなり、証券会社や銀行など、投信の販売サイドで「新しいファンドに乗り換えませんか？」という乗り換え営業は減っていく傾向にあります。一方、運用サイドである運用会社は、いまだに十分な主体性は感じられません。

一番の問題点は、運用会社が、自前で投信販売ができないことです。運用会社として、今、このタイミングでこういう運用のファンドを新規設定したい。いくらそう思っても、販売サイドがその投資アイデアに乗ってくれないと、新規ファンドの設定はできません。

それどころか、新ファンドの企画を作るにしても、まずは販売サイドにお伺いを立てなければ、話は一向に進みません。証券会社や銀行の意見を取り入れているうちに、どうしても投資家受けするような、イマドキの流行にのった販売しやすいファンド設定になってしまうのです。

前にも書いたように、投資は「安い時に買っておいて、高くなるのを待って売る」のが基本です。多くの投資家がとても手を出せないような暴落時や株価低迷時に、ニコニコ顔で買っておくのが鉄則なのです。絶好の買い時ですし、もちろん新ファンドを設定するにしても、ベストタイミングです。

しかし、株価が下落している時は、販売サイドは火の車です。その直前までの上げ相場でガンガンに買ってきたので、その後始末に追われて右往左往。当然のことながら、新ファンドの設定など考える余裕もありません。いくら投信会社に頼まれても、営業部隊を動かすことなど無理なのです。

これが日本の投信業界の赤裸々な現状です。販売会社の顔色を見て仕事をするという従属姿勢は、そう簡単には変わりそうもありません。

これを打破しようと立ち上がったのが、筆者の私です。日本の金融史で初めて、投信会社が直接、投資ファンドを販売する**「直販投信」**の道を切り開いたのです。

投信ファンド、一般と直販とでは、こんなにも違う〔図表12〕

一般の投信

- ■ 新ファンド設定にあたっては、運用テーマもタイミングも、販売してくれる証券や銀行の意向に頼りきり
- ■ 販売サイドは、たっぷりと販売手数料を稼げば、それで目標達成
- ■ 大量販売しやすい、今投資家人気の高いテーマが、どうしても中心となる
- ■ 新ファンド設定後は、往々にして成績急悪化で解約ラッシュとなる
- ■ 投信会社は大量解約で野たれ死に状態となったファンドの山を抱え、その維持管理に苦しむ

直販の投信

- ■ 自社が得意とする運用に沿ったファンド設定にこだわれる
- ■ 投資家顧客に直接アプローチし、運用実績の積み上がりで勝負
- ■ 営業などは無用、決して無理な運用資金集めはしない
- ■ 小さく生まれて、大きく育ってしまうのが本物の投信
- ■ 運用哲学や経営方針の一貫性で、投資家顧客の信頼と安心感を築いていく

世に一般的な投信と直販投信の違いを示したのが、前ページの図表12です。まったく異なる存在だというのがわかると思います。

投信会社が自分たちで顧客に直販すれば、販売会社の意向など考慮する必要もなく、新ファンドを設定できます。自信と責任を持って運用できる投信ファンドを、好きなタイミングで世に出せるのです。

もちろん、証券会社や銀行などの販売ネットワークを活用しないので、新ファンドの販売には苦労します。証券会社の営業マンが販売してくれるわけではないので、運用資金は、そう簡単には集まりません。

でも、それは仕方がありません。確固とした運用の方向性を世に示し、運用実績の積み上がりでもって、顧客に満足していただく。そして「この投信は安心できるし、いいいな」と思った投資家顧客からどんどん追加の資産を投じていただく。資産運用ビジネスとは、そういったものなのです。

そう、**「小さく生まれて、大きく育ってしまう」というのが、本格派の投信ファンドです。**販売サイドの力に頼らなくても、運用実績さえ積み上がれば、投資家顧客の方から、資金を預けてくれるようになります。

これまでの日本には、そういった直販ベースの本格化の投信ファンドが存在しませんでした。ならば、ということで、私が「さわかみファンド」を設定し、今日まで約24年間、本格的な長期投資運用を貫いているのです。

それほどまでに、長期の資産形成を託せる投信ファンドなどは日本にはなかった。この点は、今後、大いに改善していかなければなりません。

3 インデックスファンドなら安心なのか？

インデックスファンドは財産づくりの定番か

　ここまで、販売サイドの都合で組み立てられている、日本の投信ファンドの問題を指摘してきました。実はもっと大きな問題があります。

　今後、世界的なインフレ圧力と金利上昇によって、金融緩和バブル崩壊は免れません。インデックスファンドも含めて、ほとんどの投信ファンドが大混乱に陥る懸念があるのです。

　ＮＩＳＡ拡充などの動きもあり、最近、若い人たちの間で投資熱が高まっています。なかでも、彼らに大人気なのが、**米国株もしくは世界の株式をまとめて買うインデックスファンド**です。

　たとえばＳ＆Ｐ５００インデックスファンドは米国を代表する企業群の株価をひとくくりにしたものです。一方、グローバル株式インデックスファンドは、世界経済をリードする各国の企業を広く網羅しています。こういったファンドを購入しておけば、世界トップの企業群への投資ができます。

今の時代、証券会社の営業マンやファイナンシャルプランナーたちも異口同音に、世界的勝ち組企業のインデックスファンドがお勧めだと言うでしょう。

ファンドの中には数多くの企業が組み込まれているので、分散投資の効果という面から見ても文句なしです。さらには毎月の積み立て投資でどんどん買い増していくと、よい財産づくりになってくれます。

これはインデックスファンド全体に言えることですが、実際の運用はコンピュータに任せています。アクティブファンドの運用に必要な企業リサーチやファンドマネジャーなどのコストがまったく不要なので、投資信託としての信託報酬が低めの設定となります。

そういった利点があるので、米国経済、あるいは世界経済をリードする企業を広く網羅したインデックスファンドに投資しておけば、米国や世界の経済成長に乗って財産がつくれる。そういう考え方なのですね。

財産づくりのアドバイスをしてくれるプロのファイナンシャルプランナーたちが、こぞって推薦するのも、もっともなことです。実際、圧倒的多数の投資家がこれらのファンド購入に向かっています。

まさによいことずくめに見えるインデックスファンド投資ですが、果たして、それはどこまで確実なのでしょうか。注意しておく点はないでしょうか？

インデックスファンドは万能か？

この40年ほど、インデックスファンドには**「年金マネー」**による株買いという、最強の追い風が吹いていました。この膨大なお金の力がインデックスの評価を高めてきたという一面があります。

インデックスファンドが世に出たのは1976年のこと。バンガードを創設したジョン・ボーグル氏による**「バンガード500」**が誕生した年です。

設定から最初の5、6年の間、「バンガード500」は成績が低迷し、インデックスファンドというものに対する世間の理解も低いままでした。

ところが1982年8月から、アメリカの株価全般が大きな上昇トレンドに入っていきます。その主役となったのが、年金マネーによる株式や債券の爆買いです。

まずは、左ページの図表13を見てください。1960年頃から米国の株価はずっと

米国の株価〔図表13〕

- 石油ショックから世界の過剰流動性は続いている
- 1980年代に入ってから、年金マネーによる株価買いが本格化
- 82年8月からの株高に乗って、インデックスファンドは急成長

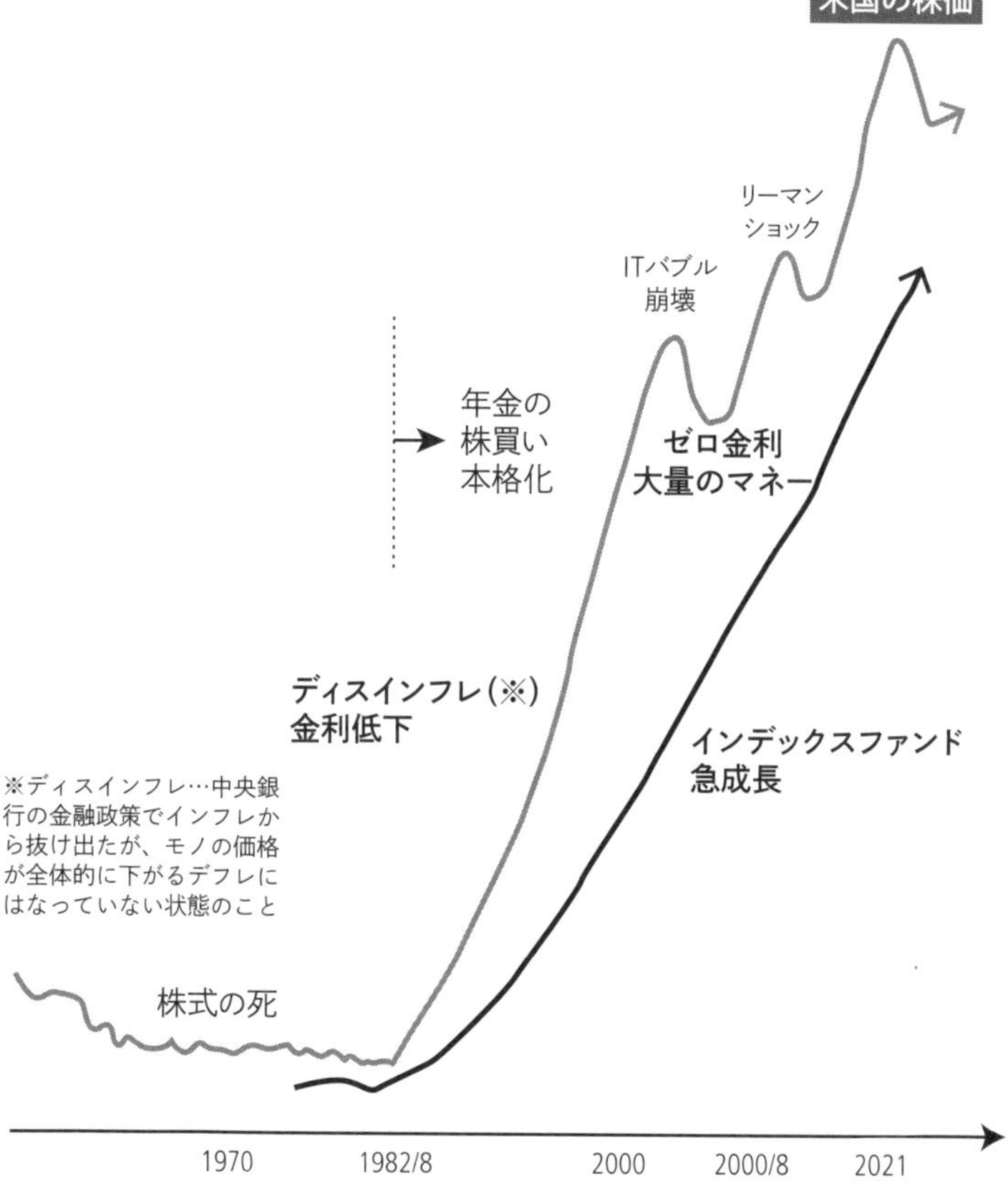

※ディスインフレ…中央銀行の金融政策でインフレから抜け出たが、モノの価格が全体的に下がるデフレにはなっていない状態のこと

低迷し、1980年代に入って「株式の死」といわれたほどです。それが、82年8月から突如として米国株の株価は急上昇に転じました。年金マネーによる爆買いがあったからです。

1960年代の終わりから70年代にかけて、先進国を中心に国民皆年金制度が整備され、70年代終わり頃から、それぞれの国の人たちが毎月積み立てる年金の資産残高が急激に増えていったのです。

あっという間に巨額になった年金マネーをなんとか運用しなければなりません。そこで株式や債券をどんどん買い始めました。それがアメリカ株の株式や債券市場での壮大な上昇相場になっていったのです。

この急激な変化に対して、アナリストやファンドマネージャーが不足し、養成も間に合わない状況でした。折しも、コンピュータの普及が始まり、そこに株式運用のニーズがマッチしたのです。

そして最初に評価が高まったのが、1976年から地道に実績を積み上げてきた「バンガード500」インデックスファンドだったわけです。

あれから40年。先進国を中心に、世界各国は「マネーを大量に供給すれば経済が成長する」と唱えるマネタリズム政策をどんどん深掘りしてきました。それが金融マーケットの大発展につながり、株式や債券市場を強力にサポートしたのです。

株価全般が強烈な右肩上がりのトレンドに乗っているので、平均株価を買う、つまりインデックス運用でも十分な成績が出ます。アクティブ運用による丁寧な銘柄選別と、インデックス運用とで、たいした成績差にはならないという時代だったのです。

そんな状況が続き、インデックスファンドに投資をする人が非常に増え、一方でコストのかかる丁寧なアクティブ運用は減少。世界的にも絶滅危惧種のような存在になってしまったのです。

マーケット大暴落の時代がくる？

この四十数年間、インデックス運用とインデックスファンドは、素晴らしい発展を遂げてきました。その幸せな時代も、そろそろ転機を迎えるのではないでしょうか。

第1章で書いた、世界的インフレ圧力と、それを抑えようとする金利上昇が大きなきっかけとなります。債券市場はもちろん、カネ余りで盛り上がってきた株式市場が大きく崩れるのです。

その時は、おそらく2008年9月のリーマンショックをはるかにしのぐ株価暴落

になるでしょう。それは、誰もが覚悟する必要があるのです。

リーマンショック時は、日本や先進国と中国が、市場空前とも言われた大量の資金提供を断行して、なんとか金融マーケットの崩落を食い止めました。そして、金利をゼロ、さらにはマイナスにまで引き下げたのです。EUや日本が導入したマイナス金利は、文字通り前代未聞の政策でした。

しかし、今回のマーケット暴落では、打つ手がほとんどありません。なにしろインフレによって、金利が上昇しているからです。

各国政府が資金提供をしようと思っても、日本を筆頭に、どの国もひどい財政赤字を抱えていて、政府の借金を簡単には増やせないのです。かといって金利を引き下げたら、たちまちインフレの火が燃え広がるでしょう。

先進各国の中央銀行も、すでに財務規模はパンパンに膨らんでいます。

普通、中央銀行の財務は、その国のGDPの10%ほどです。ところがアメリカの日銀にあたるFRB（連邦準備制度理事会）は、アメリカのGDPの40%、ヨーロッパ中央銀行はEU諸国のGDPの60%まで財務規模を膨らませています。日銀にいたっては、国債を大量に買い入れたり、銀行への貸出金を増やしたりしているので、日本のGDPの130%。つまり1・3倍にまで財務が肥大化しています。

昨年来の金利上昇で、世界の債券市場はガタガタと揺れ始めています。ゼロ金利で野放図に事業を拡大してきた企業などは、金利コストが上がり、簡単には借金ができません。結果、経営が圧迫されることでしょう。

この先、いつどこで債券のデフォルト（債務不履行）や、企業、金融機関の経営破綻が発生してもおかしくありません。それらが一気に横へ連鎖して、世界の株式市場をはじめ、金融マーケット全体の崩落につながっていくのです。

同時に、これまで順調に拡大を続けてきた世界のインデックス運用や、インデックスファンドが、どうしようもない下落の波に飲み込まれる可能性があります。

インデックスファンドが冬の時代に

これまで金利はゼロ同然で、資金はいくらでも調達できるという、信じられない金融緩和政策が長く続けられてきました。超カネ余りの経営環境ですから、たいして能力のない経営者でも、なんとかなった時代です。

ところが金利が上がると借金が難しくなって、資金繰りが一気に厳しくなります。

この5~6年ほどの間に、若いベンチャー企業などが急速に伸びましたが、彼らも生まれて初めて金利上昇を体験し、資金調達難の洗礼を受けるのです。もちろん中堅や大手企業でも同様です。

結果的に株式市場の暴落が起こり、株価全体がドスーンと大きく下がる可能性も否定できません。

ゼロ金利と安易な資金繰りに甘えていた企業は経営難、資金繰り難に襲われて、株価も大きく下がり、そのまま倒産する事態もあるでしょう。こうなると、株価全体を投資対象とするインデックスファンドは辛い状況になります。なにしろ玉石混淆の銘柄を組み入れているからです。

当然のことながら、インデックス、つまり平均株価は大きく下がります。経営難に陥った企業が立ち直るか、脱落して市場から消えてしまうまで、インデックス運用やインデックスファンドは、急激な基準価格の下落と長期低迷に追い込まれるのです。

これは40年越しの株価上昇と金融緩和政策の波に乗ってきたインデックスファンドにとって、初めて体験する苦境となりましょう。想像できないような逆風になるでしょう。**インデックスファンドの冬の時代が始まり、おそらく10年ほど苦境は続くでしょう。**それは、以下のような展開となります。

最初の数年間は、経営破綻で市場から退却していく企業たちの株価下落に、最後まで付き合わなくてはなりません。すべての企業の株価が入っているのがインデックスファンドですから、仕方がありません。ダメな企業が消えていくことで、ようやく平均株価の下げも収まります。

次の数年間は、多くの企業の経営が本格的に立ち直ってくるのを待つ時期です。まだまだ景気の足元はふらついていて、平均株価は弱々しい戻りです。

そして7～8年もすると、破綻企業が退場し、ようやく平均株価の上昇が見られるようになります。そして10年も過ぎれば、インデックスファンドの復活が始まるのでしょう。

最近の報道では、個人投資家の大半が米国のＳ＆Ｐ５００インデックスファンドなど、グローバル株式インデックスファンドを選択しているとのこと。世界経済への分散投資効果もあって、国内株式などよりも安心感が高いとの判断からなのでしょう。

しかし、インデックス投資家にとっても、初めての下落局面です。

果たして、どれだけの投資家顧客がインデックスファンドの基準価格の棒下げと、長期低迷に耐えられるでしょうか。

まともなアクティブ運用ファンドを

そこで息を吹き返すのが、われわれ本格的な長期投資家によるアクティブ運用です。

もちろん株式市場全体が大暴落すれば、われわれの長期投資運用も、それなりに成績低下は避けられません。しかし、それはあくまで一時的です。

金融緩和バブルがはじけて、金融マーケットが大混乱に陥っても、世界80億人の人々の生活は相変わらず続いています。毎日、食事を取り、お風呂に入り、電車や車に乗り、レストランにも行くし、体調が悪ければ病院に行きます。そういった人々の暮らしを支える企業活動は1日も止まることなく続きます。つまり実体経済はビクともしないのです。

長期投資を主体とするアクティブファンドですから、実体経済を支える素晴らしい企業群のみを厳選してポートフォリオに組み入れています。それらの企業はもともと経営基盤が強固ですし、インフレや金利高にも対応していける存在です。

一時的には株価暴落に付き合わされますが、市場の混乱が一段落すれば、まもなく反転上昇に転じていきます。当然のことながら金融緩和バブル崩壊後の暴落相場では、そういった企業の株式をバーゲンハンティングできる大チャンスでもあります。
われわれのアクティブ運用も、その流れに乗って、成績はV字型の急回復に入っていくでしょう。そのあたりからインデックス運用やインデックスファンドとは、大きな成績差がついてくると思います。

長らく、ゼロ金利と金融緩和でやってきた世界経済が、インフレと金利上昇という新たな局面を迎えています。それとともに、40年間続いた金融緩和政策に乗ってきた金融商品のほとんどが大きく値崩れするでしょう。年金をはじめ、世界の運用全般も相当に厳しい状況になるはずです。

そこで、**およそ50年ぶりに大復活してくるのが、本格的な長期投資と、アクティブ運用による株式投資です。**

今、世界を見回しても、本物の長期アクティブ運用は絶滅危惧種的な存在になっています。52年余りにわたる、私の投資運用ビジネス経験を踏まえても、ようやく待ちに待った本物の投資運用の復活ともいえます。ぜひ読者のみなさんは、本格的なアクティブ運用の投信を見つけて、購入していただきたいと思います。

4 積み立て投資は最強の味方

相場が下がってニンマリ、上がってニコニコ

長期の財産づくりをしたければ、積み立て投資が一番だという話は第1章で書きました。再投資による複利の雪だるま効果があるからです。さらに、**この「積み立て」という行動は、株式市場の暴落時に思いがけない効果をもたらしてくれます。**

株式市場が下落して、株価が毎日毎日下がっていく状況になったら、投資家のメンタルも下り坂です。そんな時は、誰でも新たな投資をためらいがちになりますし、とりわけ暴落相場では、怖くなって手も足も出ないものです。

しかし、**長期的に投資価値が高まっていく企業は、長い目で見ると株価も上昇してくれます。**長期投資をする場合、そういう企業の株式を、安いところで買い増しできれば、あとからじっくりと効いてきます。投資収益を高める一番のコツは、下げ相場や暴落時にしっかりと買っておくことなのですから。

もし、あなたが毎月の積み立てを設定して、引き落としでこつこつ投資をしていたら、下げ相場でも逃げることなく買い続けることができます。いつも買っているから、自然と購入できてしまうのですね。これを**「ドルコスト平均投資法」**といいます。市場が上がろうが、下がろうが、かまわずに毎月一定額を買っていくという投資のやり方です。

一般生活者が財産づくりをしていく場合、そういった積み立て投資を最大に活用することが、もっとも効果的です。その時々の相場動向に右往左往することなく、ひたすら買い増していくのです。

毎月、同じ金額で積み立て投資をしているうちに、だんだん気がつくことがあると思います。株価が安い月は、たくさんの株数を買えるのです。

こうして手持ちの株数をどんどん増やしていけば、後日、株価が上昇したら、資産の増加額もグッと大きくなります。ですから相場が下がれば下がるほど、たくさんの株が買えて、ニンマリと嬉しい気分になれるのです。株のバーゲンセールだと思ってください。

株式相場などが下がっても、上がっても、長期投資をしている限りはどちらでもご機嫌でいられます。このリズムと、長期の積み立て投資の威力を実感するほど、投資は簡単だと思えるし、リスクを怖れる必要もなくなります。

投資信託の積み立て購入は最強！

これまで私は52年余りにわたって、長期投資の素晴らしさを実体験しています。それを、できるだけ多くの一般生活者と共有したいと願って、1999年8月24日に**「さわかみファンド」**を創設しました。誰でも、1万円から財産づくりに参加できる投資信託です。市井に生きる人々の大事な虎の子をお預かりして、本格派の長期投資運用で、財産づくりをお手伝いするのが目的です。それが実践できるのも、投資信託ならではの、実に優れた機能があるからです。

また投資信託の機能を最大に活用できるのが、積み立て投資です。私は長い経験で、それを熟知していました。

そこで「さわかみファンド」を設定した翌日から制度づくりにとりかかり、同年の11月、**投資信託の「毎月積み立て購入サービス」を開始しました。**日本はもちろん、世界でも初めての購入制度を創設したのです。

最近になって「つみたてＮＩＳＡ」が若い投資家を中心に人気になっています。この制度は２０１８年にスタートしていますが、その19年も前から「さわかみファンド」では投信の積み立て購入サービスを提供してきたのです。

そこで重要になってくるのは、積み立て購入を始めるとして、どのようなファンドを買うかです。

世に多いマーケット追いかけ型の運用をしている投信はお勧めできません。そういうファンドの運用者は、株式相場が下落し始めると動揺して「リスク回避だ」などといって、保有株を安値で売りかねません。せっかく顧客が積み立て投資を続けても、さほど資産増加効果が期待できないのです。

その点、「さわかみファンド」は設定時から本格的な長期投資を運用の基本としています。これまでの約24年間もそうですし、今後も株式相場が大きく下げたら、敢然と買い増しに出ていきます。

同時に、それを期待するお客様が、「さわかみファンド」の買い増しをしてくれます。本格的な長期投資のスタイルをしっかりと理解し、マーケット暴落時には応援資金を投入してくれるのです。そうです、私たちとお客様は、敢然と同一歩調の姿勢で進んでいきます。それでこそ、長期の財産づくりの航海をご一緒できるというものです。

つみたてＮＩＳＡブームに不安が

読者のみなさんは、もうすでに始めていますか？　最近の「つみたてＮＩＳＡ」ブームを見ると、私はやや不安を感じます。また２０２４年から始まる新ＮＩＳＡ制度による投信の積み立てにも、やはり「大丈夫かな？」という懸念が残るのです。

もちろん、積み立て投資の制度そのものに対しては、なんの不安もありません。不安を覚えるのは、「つみたてＮＩＳＡ」ブームに色めき立っている運用会社と販売先の金融機関が、いったいどこまで本気で、20年、30年の運用責任を果たそうとしているのだろうかです。そこが、あまりはっきりしないのです。

いくつかの不安点を挙げてみましょう。

①投信会社は大丈夫か

「つみたてＮＩＳＡ」は２０１８年1月から始まりました。金融庁はその2年ほど前から、当時６０００本以上あった投資ファンドを精査して、五十数本を適合ファンドとして選定しました。

たとえば株式投資信託の場合、

・販売手数料ゼロ
・信託報酬は一定水準以下
・信託契約期間が無期限または20年以上
・分配頻度が毎月ではないこと

など、いくつかの条件があります。長期・積み立て・分散投資に適したものを対象商品としたのです。

これに対して、運用業界は大慌てで、適合ファンドの条件に合う商品を増やしました。そして合計１１０本の投資ファンドで「つみたてＮＩＳＡ」制度がスタートしたのです。その後も対象ファンドは増加を続け、現在は２３０本（２０２３年６月現在）になっています。

ここで大きな問題は、顧客の大切な資産を預かる投信会社の姿勢です。２３０本の投資ファンドを運用する各社は、長期の投資運用を続けられるだけの体制をきちんと整えているでしょうか。

投信のみならず、日本の運用業界に染みついているのが、その時々の投資ブームを追いかけて、相場追いかけ型の運用をする体質です。そんな投信会社が20年、30年と腰を据えた長期投資ができるのか、優秀なファンドマネージャーはいるのか。その点が大きな疑問なのです。

②長期運用は大丈夫か

前述しましたが、日本の投信は昔から、証券会社、銀行など、販売会社の都合に振り回されてきました。

どの投信会社も、その時々の人気テーマにマッチした新ファンドを大急ぎで設定し、販売会社が大々的に宣伝営業して、売りまくります。投信が販売手数料を稼ぐための道具になっていたのです。その結果が「大量設定→大量解約→野たれ死に」です。

3年もしないうちに資産額が激減したファンドは野たれ死に状態になってしまう。つまり**日本の投信の多くは、どれもこれも3年弱しか、まともな運用をされていない**のです。「つみたてNISA」は20年、30年という長期投資を基本としています。果たして、彼らにそれが可能なのでしょうか。

③インフレに対応できるのか

3つ目の大きな懸念は、世界的な金融緩和に踊ってきた金融マーケットが大崩れになった時です。「つみたてＮＩＳＡ」を運用している投信各社は、株式市場などの暴落に、果たしてどう対応するのでしょうか。

四十数年ぶりのインフレですから、これを経験したことのない運用者がほとんどです。そして彼らは40年を超える金融緩和の中で、上昇相場に乗ってきた株式市場しか知りません。

今後、世界の金融マーケットが崩落したら、どう対応するのでしょうか。長期「積み立て投信」運用者としての責任を、どう果たしていくのか。大丈夫なのか、という不安は否めません。

金融マーケットの崩壊にともなって、ひとつ間違えると金融機関の足元も揺らぐのです。どの金融機関も大きな投資損失を抱えたり、不良債権の山を築き、経営が圧迫されかねません。

親会社にあたる金融機関が経営に苦しみ出すと、その傘下にある投信会社の経営にも黄色信号が灯ります。そうなると「積み立て投信」はどうなるのでしょうか。インフレの足音が日々大きくなる世界経済を見て、まさに不安だらけです。

投資メンタルにとっても心許ない状況をどうするのか。次章で詳しく説明していきましょう。

第３章のまとめ

財産づくりのための投資を学ぼう

・アセット・アロケーションの切り替えを理解する
・「失われた30年」の間はずっと株式投資が正解だった
・投資信託は一般生活者の強い味方
・日本の投信は証券会社や銀行の手数料稼ぎに使われてしまった
・販売会社に頼らず、投信会社が直接販売する投信が本命

インデックスファンドなら安心なのか？

・「年金マネー」の追い風がインデックスファンドを育てた
・カネ余りの株式市場が一気に崩れる日が来る
・玉石混淆のインデックスファンドは基準価格が下がる可能性もある
・長期投資のアクティブファンドは暴落相場にも強い

積み立て投資をしっかりと実践しよう

・株価が高くても、安くても、毎月コツコツ買うのが効果的
・マーケット追いかけ型の投信は購入しない
・長期投資を運用の基本とする投信を選ぼう
・「NISA」で買う投信は、投資運用会社を厳選することが重要

第4章
投資のリスクを小さくする方法

1 メガトレンドの変化を知ろう

株価の暴落はコワくない

投資というと「リスクがある」「コワいもの」というイメージが、みなさんの頭の中には強烈に刻まれています。多くの人が「大事な虎の子を減らしてしまいそうだから、投資には手を出したくない」と言うのです。

でも、そういう人たちにこそ、この本を読んで、本物の投資を知ってもらいたいのです。**世に言われるほど、投資にリスクなどないのですから。**

一般的に投資のリスクとして頭に浮かぶのが、株価の下落など、マーケット変動によるものでしょう。「株式相場が暴落しました」とニュースが流れたら、多くの人はドキッとして、メンタルが乱れるかもしれません。

しかし、本物の長期投資をしている人なら、株価下落はむしろ資産増加のチャンスです。そもそも本物の投資では、マーケットでの株価変動などを追いかけたりはしません。日々変動する株価の様子を、つかず離れずで眺めているだけです。

私たちにとって、大切だと思う企業の株が大きく売られて、値段が下がったら、しっかりと買い入れます。買ってからは、株価が上がるのをのんびりと待ち、そのうち、どこかで大きく買われる動きが出たら、少しずつ売っていくという流れです。

決して、ガツガツと儲けようとはしないけれど、投資収益はあとからゆっくりとついてきます。このリズムを決して崩しません。一般的にリスクとされているマーケットの株価変動などは、むしろ投資リターンを得るチャンスです。それが「安い時に買っておいて、高くなるのを待って売る」というスタイルです。

株式市場との付き合い方は、本書をここまで読んできたみなさんなら、もうすっかり理解していますね。

ただし、歴史的ともいえる経済の大きな転換期には注意が必要です。

ひとつの時代を創ってきた大きな経済トレンドが終わり、新たな経済トレンドが始まる。それを**「メガトレンドの変化」**といいます。これは本物の長期投資家でも、しっかりと押さえておく必要があります。

この対応を誤ると、それまで営々と積み上げてきた財産の、大きな部分を失うことにもなりかねません。決して大げさに言っているわけではなく、「メガトレンドの変化」は、それほどまでに決定的な影響を持つ、本当のリスクなのです。

実は、その「メガトレンドの変化」が、今、まさに起こりつつあるのです。

金融緩和メガトレンドの終焉

これまで四十数年にわたって、世界の国々は金融緩和政策を取り続けてきました。金融を緩和し、資金を大量に供給すれば、経済は成長するという「マネタリズム理論」をひたすら信奉してきたのです。先進国を中心に、金利をゼロやマイナスにまで引き下げ、史上空前ともいえる大量の資金供給を連発しました。

その結果、世界経済はどうなったでしょうか。まずは、左ページの図表14を見てください。世界経済は平均すると4%ぐらいの成長を続けています。それを、はるかに上回る巨大な金融経済が膨れ上がってきたわけです。つまり金融緩和バブルです。

マネーがどんどん供給されるので、先進国を中心とした金融マーケットは恐ろしいほど巨大化しました。本来、金融は経済活動の血液や潤滑油のような存在なのに、あ

金融バブルの生成と爆発的な拡大〔図表14〕

- 世界経済の4%成長トレンド
- ドルのたれ流しと石油ショック以降の世界的な過剰流動性が今日まで続いている
- 年金運用の本格化と評価益の拡大
- 運用を求める資金がヘッジファンドやジャンク債などへのニーズを高めた
- これらがすべて上乗せされて、金融バブルが膨れ上がっていった
- もとのお金が現金やら運用益、それに信用供与やバーチャルマネー、さらにはレバレッジが乗っかって金融取引は天空を舞っている

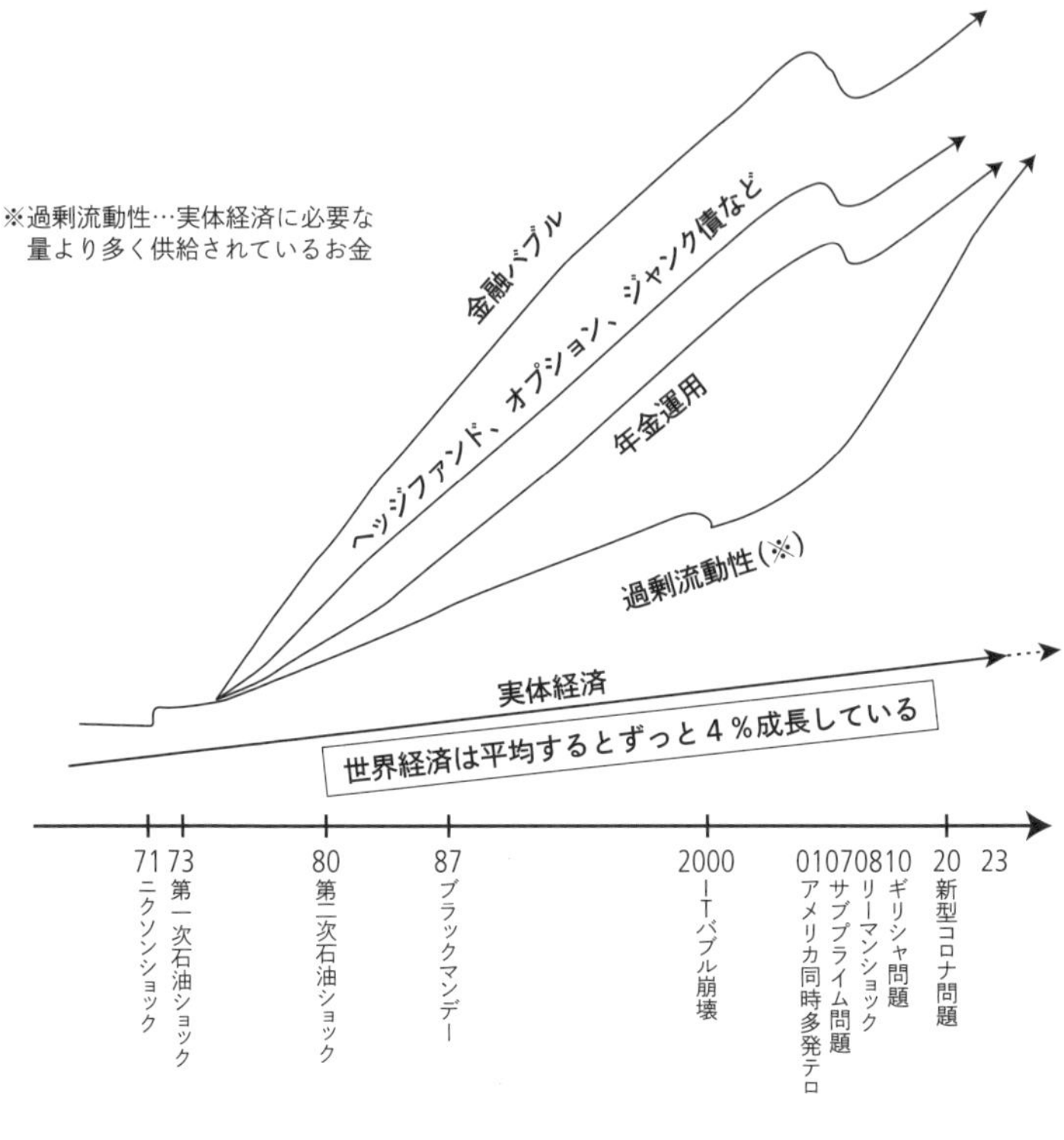

たかも経済の原動力であるかのようになり、そして、いつの間にか金融が経済活動を主役のような顔して、全体を引っ張るようになってきたのです。

膨大な資金は、一部の高所得層へ集まり、異常なまでの富の蓄積を生みました。一方で、期待した経済成長はさほど成果を上げず、途上国、新興国だけでなく、先進国でも多くの人々の低所得化が進みました。アメリカでは、中産階級の没落が社会問題にまでなっています。

結局、「マネタリズム理論」に基づく政策は、世界経済の健全な発展にはさしたる貢献もせず、むしろマイナスだったのです。それなのに各国の指導者層は「景気回復」を旗印に、金融緩和をどんどん深掘りするだけでした。

しかし世界経済を引っ張ってきたその政策が、どうやら限界に達したようです。ものごとには、なんにでも限界があります。経済でも、無理なしわ寄せが積み重なると、どこかで爆発するのです。

それが、第1章で書いた**インフレの到来**です。これだけ巨額の資金のばらまきをしたのですから、インフレにならない理由はありません。**急激なインフレを抑え込もうとして、米欧諸国は相次いで金利の引き上げに動きました。これは、いわばメガトレンドの変化を告げる号砲です。**

つまり金融緩和の時代というメガトレンドが、まさに今、終わろうとしているのです。そのあたりは、次ページの図表15を眺めて頭を整理しましょう。

金利のある世界へ戻っていく

これまでの四十数年間、金利をゼロにして資金を大量に供給した結果、世界経済や社会に大きなゆがみをもたらしました。その象徴がインフレであり、インフレを退治するために登場した金利の上昇です。

金利の上昇は、世界経済や社会に大きな変化をもたらします。

今、世界の債務残高は、世界のGDPの3・5倍にまで達しているそうです（国際金融協会調べ）。国や金融機関、企業、個人の住宅ローンまで、すべての借金をまとめると、世界経済の3・5年分の規模になるのです。実はこの数字、10年前は2・5倍でした。つまり、ここ10年間で世界経済1年分の借金が上乗せされたことになるのです。

すさまじいほどの借金の膨張ですが、それもこれも金利がゼロやマイナスだから可能だったのです。金利がゼロ同然なら、負担感はグッと軽くなります。いくら借金し

金融主体の張りぼて経済〔図表15〕

- 一部の高所得層への富の集中
- 大多数の人々の低所得化
- 世界的なインフレ圧力と金利上昇は実体経済からの刃《やいば》

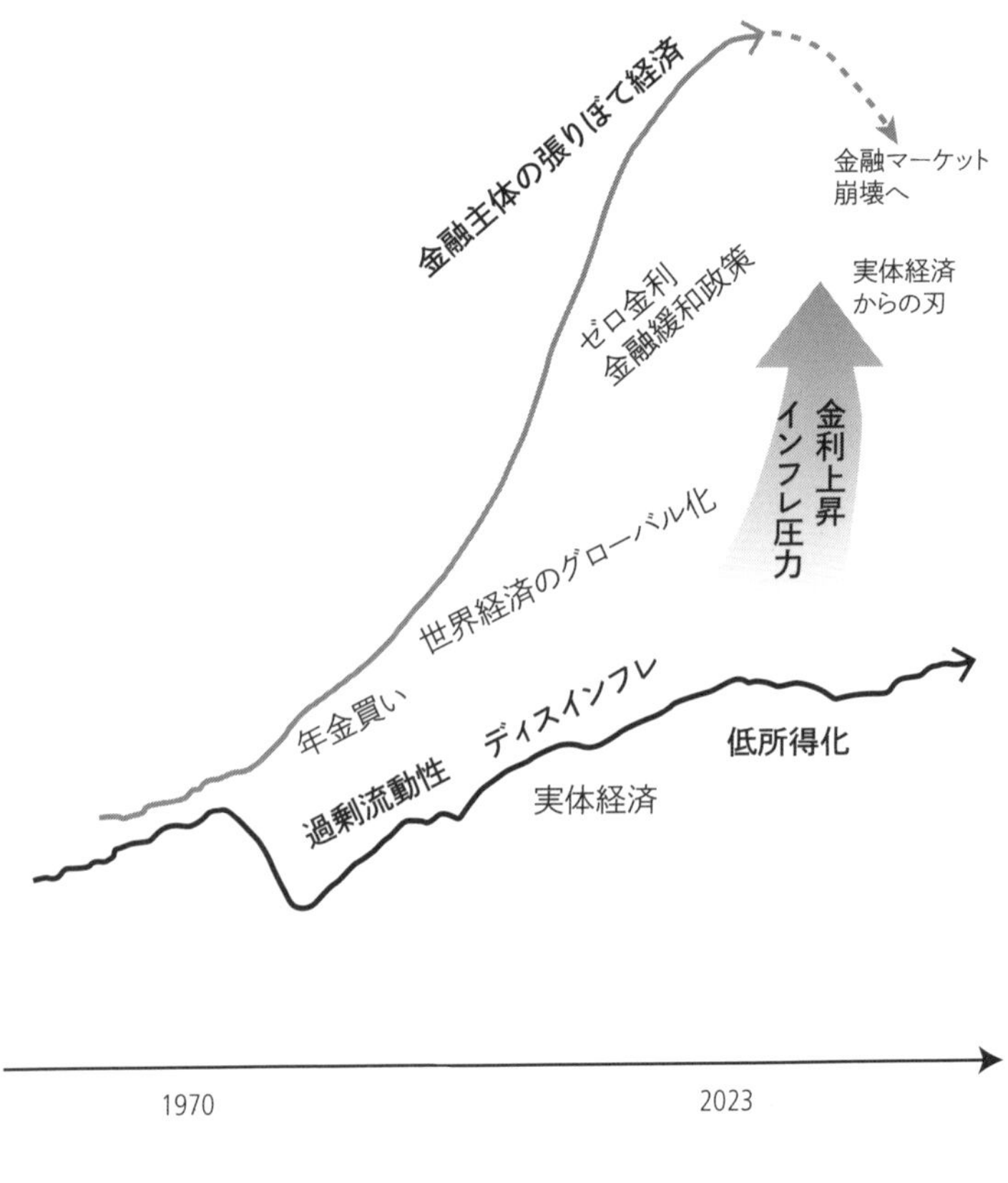

ても、元本を返済すればいいだけなので気が楽ですね。

ところが、**金利上昇になると、状況は一変します。**

個人の住宅ローンで考えてみましょう。これまでゼロ金利政策に乗って、変動金利で住宅ローンを組む人が圧倒的に多い状況でした。なにしろ固定金利の住宅ローンより、毎月の返済支払い額が信じられないほどに少ないのです。その上、金利の上昇など、まるで心配したこともありませんでした。

ところが昨年（２０２２年）から金利が上がってきたのです。どこかで、住宅ローンの毎月の支払い額が増えていきます。念願のマイホームを手に入れて喜んでいた人たちも、毎月のローン支払いの負担増加に苦しむようになるのです。

すでにアメリカでは住宅ローンの金利が６％台から８％台へと上昇しています。そのせいで、新規の住宅取得熱が急速に落ち込んでいます。すると住宅関連や不動産業者の経営も揺らぎ始めます。

金利上昇の影響は住宅関連だけではありません。経済活動のあらゆる場面で黄色信号が灯り、それが今後、赤信号になっていくのです。

たとえば、今年（2023年）の3月に入ってから、アメリカの3つの地方銀行が相次いで経営破綻に追い込まれました。これも金利引き上げの影響です。少し細かく説明しましょう。

①金利上昇による債券価格下落で銀行は損をする

アメリカでは昨年（2022年）3月から利上げが始まり、債券が大きく値下がりしました。金融機関や機関投資家はたくさんの債券を持っていますから、2022年だけで18億ドルもの評価損になってしまったのです。

②経営不安説が流れる

3つの地方銀行も債券を持っていたので、大きな評価損を抱えました。そんな様子を見て、SNSなどを通じて経営不安説が流れ、心配した顧客が預金をどんどん引き出してしまったのです。

③預金流失で破綻へ

銀行経営で、預金の急速な流出が起こったら一大事です。預金を解約する顧客に支払うため、銀行は保有財産を売り払って、現金を準備しなければなりません。仕方なく、もうすでに安くなっていた債券を叩き売ったので、銀行は大損です。

その結果、さらに信用が落ち、損失がますます増加して、そのまま経営破綻につながってしまったのです。

このように世界的なインフレ圧力の高まりと、それを抑え込もうとする金利引き上げは、避けられない現実です。

四十数年にわたった世界的な金融緩和政策の終焉。そして金利のある経済への回帰。つまり、「メガトレンドの変化」がひたひたと押し寄せてきたのです。そのあたりを表したのが次ページの図表16です。大きな変換点が近いことを確認しましょう。

債券市場が大暴落に

これまで、ずっとゼロ金利に甘えてきた企業など借主たちは、これから大きな試練にさらされることになります。アメリカでいうと、短期金利が5％超にまで上昇しています。それだけの金利を支払えるだけの「稼ぐ力」はあるでしょうか。

また「ジャンク債」の問題もあります。

金融バブルの膨れ上がりと終焉〔図表16〕

- 金融は実体経済とつかず離れずが本来の姿
- ところが1970年代から金融が異常に膨れ上がった
- それが、インフレ到来と金利上昇により崩壊へ

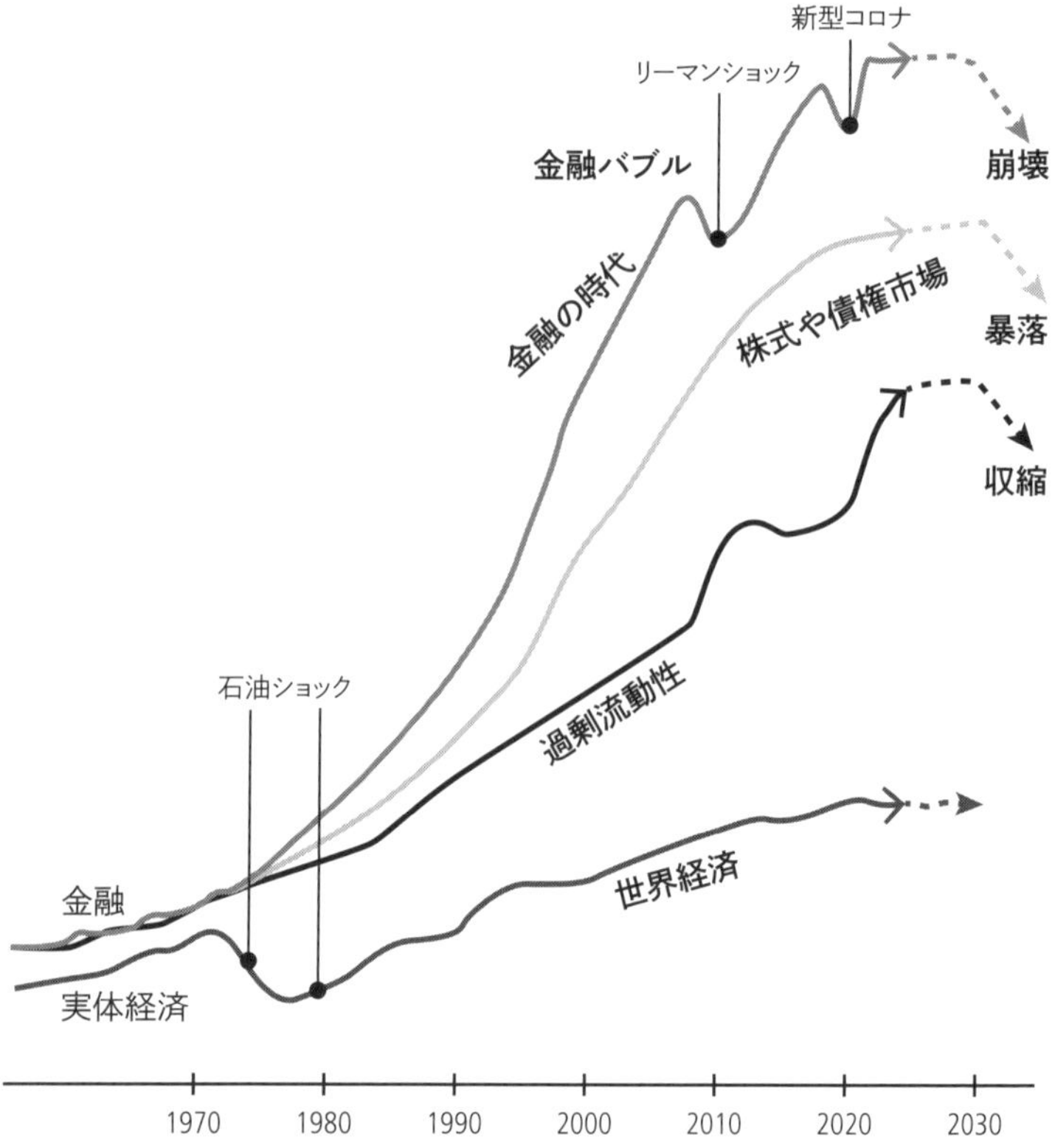

経営状態が悪い企業などが資金を集めるために、債券を発行することがあります。信用力が低いので、高い利息をつけて投資家を集めるのですが、場合によっては元金の満期返済が受けられない可能性もあります。リスクがとても高い債券で、「ジャンク債」と呼ばれています。

国の債券などは信用力が絶大ですが、ゼロ金利なので投資家は嬉しくありません。そこで、もっと儲けたい投資家は、こういった危険度の高い「ジャンク債」を買ってしまうのです。でも、投資した企業が潰れてしまったら、「ジャンク債」は紙切れになり、投資家は大損です。

債券投資家にとって、元本の安全性はなによりも大事です。満期になったら元本が償還されて、きちんと戻ってくることが大前提の投資なのですから。それなのに元本が戻らないような状況が生まれたら、世界中の債券投資家のメンタルはぐらぐらです。「他の債券は大丈夫なのか？」と疑心暗鬼に襲われてしまいます。

となると、国が後ろ盾になっている国債はなにより安心です。

今、世界でもっとも信用力が高いとされている米国債の流通利回りは3％を超す水準にまで上昇しています。10年物の国債なら3・8％あたりです（2023年7月現在）。数％の利回りを期待して、危険な「ジャンク債」を持っているより、米国債に乗り換えた方がずっと安心で、利回りも十分に高いのです。

こうなると、乗り換えのために、投資家は手持ちのジャンク債などをどんどん売るでしょう。もう誰にも止められない巨大な売り圧力になります。そして、あっという間に債券市場全体が暴落してしまうのです。

張りぼて経済が壊れる時

このように**債券市場が暴落すると、債券の利回りが急上昇します**（債券の価格と利回りは反比例）。これを「市場金利の上昇」といって、国や中央銀行がコントロールする政策金利では制御できません。

どの債券投資家も、手持ちの債券が損を出しそうだと思ったら、急いで売るのが当然で、これは自然な経済現象です。それが債券の流通利回り、つまり市場金利の上昇をもたらすのです。

市場金利が上がると、その影響はあっという間に経済活動全般に広がっていきます。企業にとっては、大きなコスト上昇です。資金を借りる費用がものすごく上がるので、企業活動も急激に鈍化し、景気が落ち込みます。すると株価全般も急落していくのです。債券も下落、株価も下落です。

どれもこれも、経済にとっては大混乱のもとになります。２００８年9月のリーマンショックの時には、１００年に1度の経済危機だとマスコミも大騒ぎしました。この時は、日本や先進国、そして中国が巨額の資金供給で乗り切ったのです。でも、今回、この手は使えません。前述したように、どの中央銀行も財務はパンパン。これ以上の金融緩和は無理なのです。

これまでは異常な金融緩和政策で、各国は金融マーケットや経済を維持してきましたが、それはいわば「張りぼて」の経済なのです。

見た目は大きいです。しかし、それは金融緩和で儲かった一部の高所得層による見た目だけの薄い皮です。

その皮の下には、低所得化が進んだ、大多数の国民がいます。お金がないから個人消費の伸びもイマイチで、弱々しい経済です。つまり中身はかすかす。そんな張りぼて経済に、いよいよインフレ圧力と、それにともなう金利上昇という経済合理性からの刃が、グサッと突き刺さるのです。

インフレがひどくなると、なにもかもが値上がりするので、人々の生活を圧迫します。これは絶対に阻止しなければならないので、政府当局は懸命にインフレを抑え込もうとして、政策金利を上げていきます。

政策金利引き上げの効果が出てくると、前述したように債券市場の下落と市場金利の上昇につながります。これは一連の流れで、ごく自然な経済の現象なのです。

水が高いところから低いところに流れていくように、収まるところに収まる。これが「経済合理性」です。「張りぼて」経済の外側の皮が破れて、あっという間に経済がしぼんでいきます。

この影響が、これから世界経済に及び始めます。頼みにしていた金融マーケットも大崩れでしょう。その時のイメージが左ページの図表17です。これからきつい展開が始まります。

それでは本物の投資を目指している私たちは、どの方向に進めばよいでしょうか。まさに投資の本当の知識と、投資メンタルを試される時なのです。しかし正しい方向に進めば、「メガトレンドの変化」もしっかりと乗り越えていけます。

具体的な方法を次の項で説明しましょう。

金融緩和バブル崩壊後の金融マーケット〔図表17〕

- 空前のカネ余りバブル崩壊で、巨額のマネーが蒸発する
- 金利上昇で先進各国とも、国債の増発によるマネーのばらまきは困難に
- 過剰流動性は急速にしぼんでいく
- 債券売りが出尽くし、急騰していた長期金利が下げに転じるまでは低位低迷
- 株式は急落後、一部の株式はＶ字型の急回復に入るが、
  大多数の株式は下げ続けて底練り相場へ
- インデックスファンドは試練に直面する

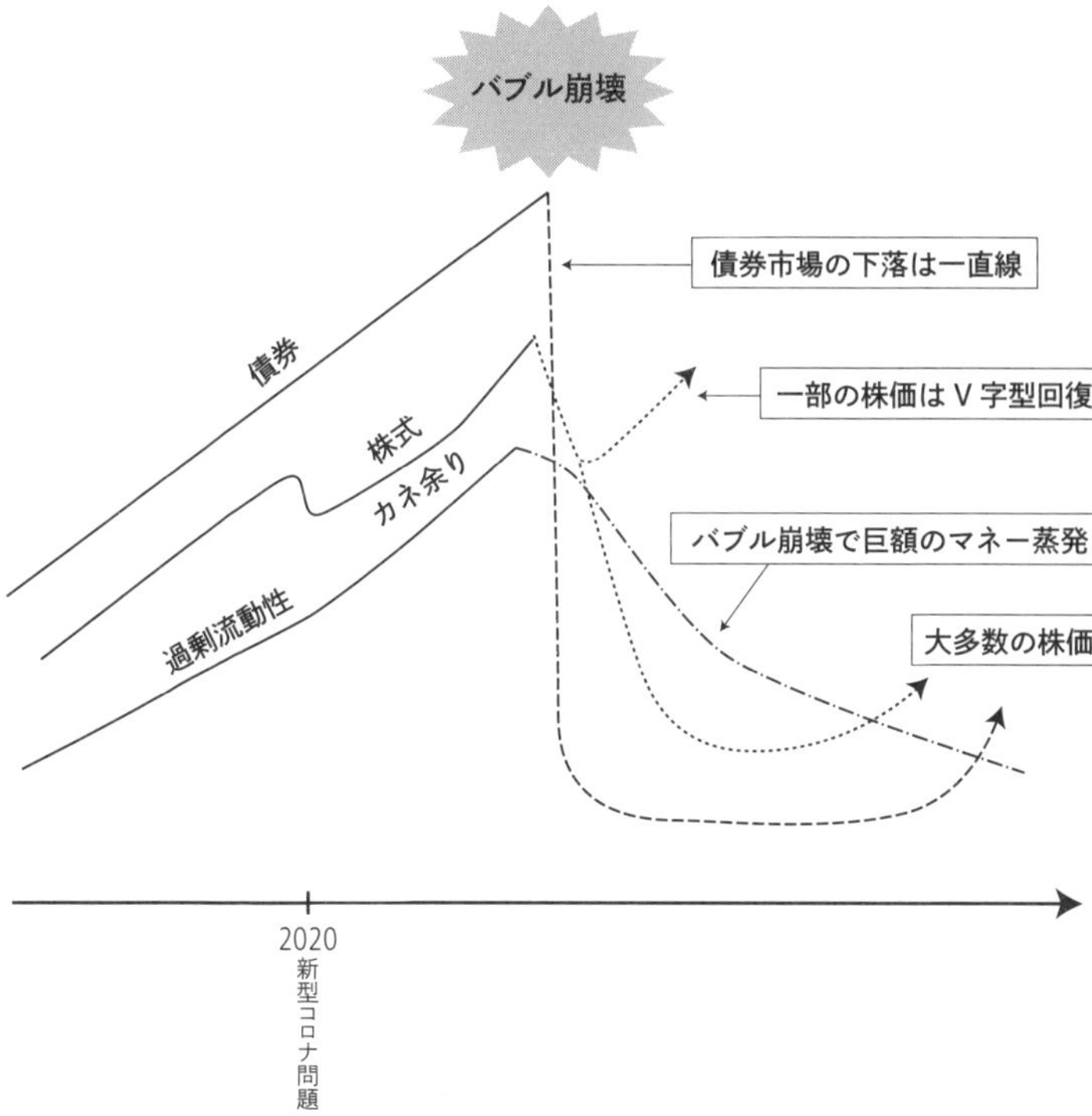

2 やみくもに分散投資すればいいわけではない

分散投資すればいいって本当？

インデックスファンドと並んで、いまや投資の教科書の定番になっているが「分散投資」という言葉です。ファイナンシャルプランナーたちも、みんな口を揃えて「分散投資が一番です」と大合唱を続けています。

大事な卵をひとつのカゴに盛ってはいけない。転んで、手もとのカゴが落ちたら、卵は全部割れてしまう。いくつかのカゴに盛っておけば安心だ、というわけです。

これを聞くと、「なるほどな」と思うのですが、それは単なるお話でしかありません。そもそもからして、転ばなければいいだけのことなのです。

投資のリスクとはなんでしょうか？

リスクのほとんどは、マーケットの価格変動を追いかけるところから生まれます。

常に上がったり、下がったりする株価を相手に、短期的に売ったり買ったりで利ざやを稼ごうとしても、ほとんどがうまくいきません。投資メンタルもぐらぐらで、「だから投資は難しい」というぼやきになるわけです。

結局、どの株が上がり、どの株が下がるのかなど、誰にもわからないのです。だから多くの株式に投資をして、当たり外れのリスク分散を図ろうというわけです。

でも、この方法は本物の長期投資をしようとする人には、そもそも意味がありません。いつもマーケットとつかず離れずの立ち位置を守って、「安かったら買い、高くなったら売る」というリズムで、のんびりとマイペースな投資をするのです。

では、どんな株を買うのか。それはマーケットで人気急上昇中の注目株ではありません。毎日の生活で、なくなっては困ると思う企業、長期で応援したいと思う企業を、前もってよく選別しておきます。そして、大きな下落相場を待つのです。

もし近い将来、株価が暴落したら、まさに本物の長期投資家の出番。投資メンタルは絶好調です。そういう状況になると、生活者にとって大事な企業まで、情け容赦なく売られますから、「ここは応援にいくぞ」と気合いを入れて買いにいきます。

その時、銘柄を分散してリスクを回避しよう、などとは考えません。ひたすら「この企業はなにがなんでも応援しなければ」と、断固たる応援買いに入るのです。

一般的な投資で「分散投資をしよう」という考え方の中には、「この企業を応援しよう」といった思いも意思もありません。ただ自分だけが安全で効果的な金儲けをしたいという発想。マネーゲームに過ぎないのです。

投資対象の分散も考えもの

もうひとつ、最近、ファイナンシャルプランナーがさかんに言っている資産配分による「分散投資」の勧めについても、大きな考え違いがあるようです。

投資する資産全体を、国内の株式と債券、海外の株式と債券、さらには現金のポジションに分ける。そういった投資対象別の「分散投資」を、もしかしたら読者のみなさんもやっているかもしれません。

たとえば、今は日本経済が弱いから、日本株は15%程度に、国内債券は利回りは低いが安定度を重視して15%にしよう。一方、海外株は世界の経済成長を見越して、25%組み入れよう。海外債券は利回りが高いから35%ぐらいは投資する。そして現金は10%の保有にしておこう。

ファイナンシャルプランナーに頼むと、このような分散投資のポートフォリオを作成してくれるのではないでしょうか。十分にリスクが分散できて、安定度の高い投資をしているという満足感に浸れるかもしれません。

実は、それがとても危険なのです。

今、世界的なインフレ圧力を受けて、米欧では政策金利が引き上げられています。本書でもあちこちで説明しているように、債券投資にとっては厳しい投資環境になっているのです。

いずれ、時間の問題で起こるのは債券価格の大幅下落です。日本も世界も漏れなく同じ状況になります。ということは、国内債券15％と、海外債券35％の組み入れ部分で、大きな投資損が生じる可能性が高いのです。

一方、国内株や海外株への投資はどうでしょうか。

こちらは、どのような銘柄をポートフォリオに組み入れているかがポイントです。金融緩和バブルに踊っているような銘柄が多いと、やはり投資損が避けられません。

つまり時間の経過とともに、投資損の山を築いてしまう。安全なはずの資産分散が、真逆の効果になってしまうのです。そのあたり、次ページの図表18を見ながら、じっくりと考えてみてください。

一般的な分散投資の考え方〔図表18〕

現時点での判断 ➡現在分散	あとになってみると、支離滅裂の結果に
■ 株式投資は、景気悪化や企業の業績も不振だから低めに	安値を買えず、みすみす投資収益チャンスを逃してしまった
■ 債券は安全確実だから思い切り高めのポジションでいこう	高値づかみで大損してしまった
■ 現金も安全重視で多めに保有しておこう	わずかばかりの金利収入しか得られなかった
■ 海外投資は円安を見越して、やや多めにしよう	為替動向次第でプラスにもマイナスにも

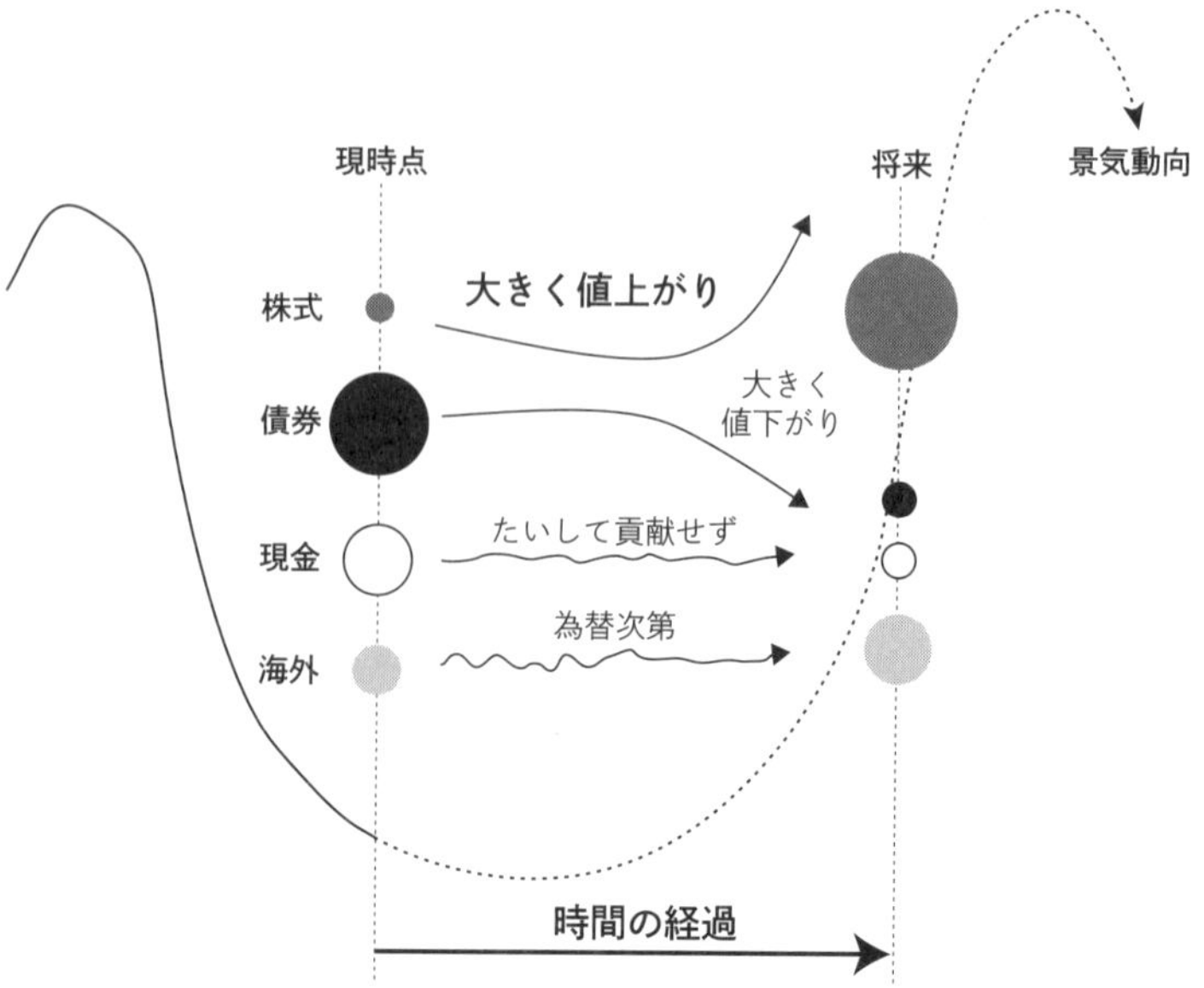

やるべきは、時間分散です

私たち本格派の長期投資家が絶対に守るようにしているのが、「アセット・アロケーションの切り替え」です。これは第３章で細かく説明しましたね（１１６ページ参照）。これは、どの資産をどこに入れるかということではなく、**「時間で分散しよう」**という考え方です。

日本、米欧のような自由主義経済では、景気がよくなったり、悪くなったりを繰り返します。それを「景気循環」と呼んでいます。この経済の流れをもう一度、おさらいしておきましょう。

①金利上昇の時代

景気がよくなってくると、金利が上がり始めます。そして好景気がさらに盛り上がり、過熱気味になるにつれて、金利上昇も加速します。

②金利が下がり始める時代

あまりに金利が高くなりすぎると、コスト高で企業はそれまでの拡大経営を続けられなくなります。どこかで縮小へと舵を切るのです。すると、これまでの好景気がグッと減速します。当然、企業の資金需要も減るので、金利が下がってきます。

③低金利政策の時代

景気が悪化の道をたどり始めると、そこで出てくるのが低金利政策です。国や中央銀行は景気をよくするため、金利を下げます。企業に頑張ってもらおうと、家計の利子所得を減らして、その分を企業に所得移転させるのです。これはなかば強制的な所得移転政策です。

この低金利政策は、景気が浮上するまで続けられるのです。家計からは利子が奪われ続けますが、企業にとってはありがたい施策です。それが功を奏して、企業も頑張ることができて、景気は徐々に立ち直ります。そして①金利上昇の時代へと戻っていきます。

この「景気循環」の流れに沿って、株式↓現金↓債券↓株式と資産配分を切り替えていけば、お金の流れに逆らわない合理的な投資ができるのです。これが「アセット・アロケーションの切り替え」です。

長期投資で得られる収益の80％ほどは、この「アセット・アロケーションの切り替え」で達成できると言われています。株式銘柄選択のうまい下手や細かな投資テクニックは、全体の20％ほどの貢献に過ぎません。

本格派の長期投資は時間で分散する。この感覚が非常に大切ですし、ぜひ身につけて欲しいことなのです。

3 本当の資産づくりをしよう

老後に備えるためだけ？

ここまで本書を読んでくれた読者のみなさんに、ここで改めて質問をします。

「あなたは、なんのために投資をしようと考えていますか？」

みなさんの答えを想像してみましょう。

「人生100年時代なので、長生きリスクがある」

「年金不安、老後のため」

そんな言葉が出てくるのではないかと思います。では重ねてもうひとつ、質問します。

「あなたは、そんな程度で満足できますか？」

きっとみなさんはびっくりした表情で、反論してくるでしょう。

「そんな程度というけれど、老後への備えだけでもハードルが高いです」

「そんなことを言う澤上《さわかみ》さんは、いったいなにを求めているの？」

少し謎かけのような質問をしたかもしれませんね。


それでは、そろそろ「本物の資産」について、考えてみることにします。「資産」とはなんでしょうか。

友人関係などの人的資産や、職務経歴などから生まれるキャリア資産とか、いろんな種類がありますが、ここでは金銭的資産に限って考えてみましょう。


金銭的資産ということなら、みなさんはまず金額の大きさに注目するかもしれません。もちろん5億円、10億円という大きな額の資産があれば、老後は相当安心できるでしょう。とはいえ、そんな大金は普通のサラリーマン、一般生活者にとっては、高嶺の花です。

ここで言いたいのは、金融資産の額ではありません。持っている資産が、いつ、どんな時でも、本当に私たちを守ってくれるのかが、もっとも重要なのです。

たとえば、この20年以上続いている金融緩和バブルに乗って、にわかに羽振りがよくなった人たちがいます。いわゆる富裕層と言われる人たちです。そういった人たちの資産は、そのうちにバブルが吹き飛べば、一発で蒸発してしまうようなものです。

いつの時代でも、成り金と言われる人たちがいます。一代で築き上げた富も、その代限りで終わってしまうことがほとんどです。どんなに巨万の富でも二代目、三代目で消え失せてしまうケースが大半です。

読者のみなさんと一緒に考えたいのは、もっと地に足がついて、かつ頼りがいのある金融資産についてです。まさに「本物の資産」づくりを学んでいきましょう。

本物のプライベートバンキングから学ぶ

世界中の富裕層の財産を預かり、資産保全、資産運用を行うプライベートバンクの存在を知っていますか？　その歴史は長く、ヨーロッパには、過去１００年どころか、19世紀初頭のナポレオン戦争の頃から２００年以上にわたり、ずっと富裕層の資産管理を担ってきたプライベートバンクがあるほどです。

その経営のスタイルも独特です。

米国系プライベートバンキングは、顧客との接点はお金だと割り切って、より儲けるための金融商品の開発に全力を挙げます。富裕層の方も、より儲けさせてくれる銀行と付き合うという発想で、気に入らなければ、取引先銀行をためらいなく替えてしまいます。

しかし、ヨーロッパ大陸系のプライベートバンクは、顧客との長いお付き合いを重要視します。そのため、顧客口座の開設にあたっては、日頃の生き方から人生観、哲学までチェックし、どこまで価値観を共有できるかを丁寧に判断します。

いったん口座が開けば、20年、30年を超えてのお付き合いなど、少しも珍しくありません。これこれのファミリーとは、8代とか14代にわたってお付き合いしている、などの事例もゴロゴロしています。

幾多の戦火を生き延び、歴史の荒波を乗り越えて、顧客の資産を守り抜いた銀行には、それなりの風格や重みがあります。強い意志や覚悟、経営の安定性が問われますし、そういった銀行の経営哲学には、長い時間をかけて磨き上げられた、頑固なまでの一貫性があります。

一方、顧客の方も、むやみに資産を増やそうとする成り金根性では、とうてい長く資産を守ってはいけません。厳しいプライベートバンクだと、ひたすら「お金、お金」の顧客には、口座抹消を迫ってくるほどです。

銀行側も顧客側も、人生哲学や価値観の共有があるからこそ、長く、しっかりしたお付き合いができます。プライベートバンクは未来の社会にどんな変化が起きても、顧客資産を守り抜くことを誇りにしていますし、顧客やそのファミリーにとって、実にありがたい存在であり、大事な砦です。

この砦の中に守られているものこそ、本人とファミリーにとって、時代を超えて、真に頼りがいのある「本物の資産」なのです。

まずは、資産価値の保全

一般の生活者は、著名なプライベートバンクに資産を預けることは、正直、難しいでしょう。しかし、彼らと同じ発想ができれば、自分で自分の資産を守ることできるのです。

最近、コマーシャルなどで見かける「富裕層に対して、さらなる儲けを誘うプライベートバンキングサービス」などは、にわか金持ち、まさに成り金のためのもの。彼らにとっては儲けることがすべてなのです。こういう発想では「本物の資産」は得られません。

本物のお金持ちファミリーは、すでに資産はたっぷり持っています。ガツガツ増やすよりも、今ある資産をいかに守っていくかが、なによりも重要。そして安全度の高い運用で、少しずつ増やしていければ十分なのです。

「本物の資産」の保全を考えた時、注意すべき敵がいます。

第1位は戦争です。国家総動員体制のような大戦争が発生した時、自分やファミリーを守ってくれる資産があれば、本当に心強いですし、戦火の中を生き残っていけるでしょう。

第2位はインフレです。いざインフレが発生すれば、ほとんどの金融資産は大きく目減りします。そういった状況下でも、安心して堂々と生きていける資産こそが本物です。

第3位は、社会的な大変動や混乱時です。ちょうど、現在のウクライナ紛争のような状況をイメージしてください。まともな経済活動もできないし、生活基盤もガタガタです。日々の生活だけでも大変ですが、そんな時でも頼りにできる資産があれば、どれほど安心でしょう。

第4位、第5位になって、ようやく景気のよし悪しや金利変動といったリスク要因が入ってきます。株価暴落などになると、マーケットは右往左往の大混乱に陥り、それまでの儲けなど吹っ飛んで、資産が大きく目減りするリスクがあります。

本物のプライベートバンキングからすると、景気や金利変動のリスクなどは軽いジャブのようなもので、いくらでも回避できます。本書を読んできたみなさんも、十分に納得できるでしょう。

ともあれ、世界大戦のような戦争は、さしあたって、あまり現実的ではありません。ところがインフレは現実問題になってきています。四十数年ぶりの本格的なインフレが、その姿をひたひたと見せ始めています。

インフレとはお金の価値が下がること。つまりは購買力が落ちていきます。たとえば、今まで1万円で買えたものが、1万5000円出さないと買えないわけです。すると金融資産全般が目減りして、そこへインフレ抑制のために金利が上昇してくるので、株価など、金融マーケットは大きく下がります。

間違いなく、金融バブルの成り金たちの多くは、消えていくことになるでしょう。彼らは金融緩和政策による株高など、カネ余りバブルに乗ってきただけの存在なので、バブルが弾けたら、元も子もなくなるのです。

さて、読者のみなさんの投資メンタルはいかがでしょうか。本書で、本格的な長期投資をきちんと理解すれば、どんな対応をすれば安心なのか、きっと理解できると思います。

本当のお金持ちの出番

歴史のある証券会社内で、昔から語り継がれてきた、とある資産家の物語があります。

彼は相当な財産家なのに、証券会社の営業には一切耳を貸しません。もちろん証券会社が開催する「投資信託購入キャンペーン」などの類いには付き合わないし、新規上場企業の割り当ての話を持っていっても、まったく興味を示さないのです。

ところが、株式市場が暴落するや、ふっと証券会社の店頭に顔を出します。そして、名の知れた大企業の株にドサドサッと買い注文を入れます。たっぷりと買いを入れたら、さっと帰っていきます。

その頃、暴落相場にやられた証券会社の店頭は、大混乱に陥っています。それまで、ガンガンの強気で買いまくってきた投資家顧客は、手持ちの株価がドンと下落したので苦情を言いに来るし、証券会社は損失処理で、戦場のような騒ぎです。

しかし、その資産家はまったく涼しい顔で去っていくのです。

1～2か月、または半年ほど過ぎて、株式市場が落ち着きを取り戻すと、株価もそれなりに戻ってきます。

その時、くだんの資産家がスッと証券会社の店頭に現れて、先日買った株の売り注文を次々と出していきます。

しばらく前の暴落相場の時に、複数の株式を安値買いしてあるので、どれを売ってもけっこうな儲けになっています。彼はたっぷりと儲けを手にして家に帰り、もうそこからは証券会社の営業が来ても門前払いです。

このような金持ちの話を聞くにつれて、誰でも簡単にやれそうだと思うのです。しかし、現実にはなかなか真似のできないお金儲けの方法です。

どうして、できないのか。

答えは簡単で、**他の投資家は暴落相場が来る直前まで、買いまくっているからです。**

それまでご機嫌で買ってきた株式が大きく値下がりして、いまや儲けるどころか、大損失になって真っ青です。

とてもではないけれど、暴落相場で買い出動なんてできない話ですし、そもそも買いに入っていく資金がありません。

その点、本書を読んできたみなさんなら、お金持ちの投資家らしい行動が取れるでしょう。景気や金利の大きなうねりを先取りし、「アセット・アロケーションの切り替え」も勉強済みです。

まだみんなが株を売りまくっている時期、株価が安い間に応援買いを断行し、そして、にわか応援団が大挙して登場してきたら、薄く薄く売り上がっていきます。つまり、次の株価暴落時にバーゲンハンティングに打って出る現金もしっかりと準備できているわけです。

この伝説の資産家と同じ行動が、私たちにもできてしまうのです。これが本当の資産づくりなのですね。

第４章のまとめ

メガトレンドの変化を知ろう

・ひたすら金融を緩和して、お金を大量に供給する時代は終わった
・欧米では政策金利がどんどん上がっている
・市場金利が上昇して、債券も株価も下落する

やみくもな分散投資はしない

・毎日の生活で、なくなっては困る企業、長期で応援したい企業の株を買う
・日本株、外国株、日本債券、海外債券などの分散投資はかえって危険
・アセット・アロケーションの切り替えを意識した時間分散を行う
・インフレや社会動乱から資産価値を保全することが、なにより重要
・伝説のお金持ちと同じ行動をしよう！

第5章
長期投資で社会を創っていく

1 投資にまわす、お金の余裕がない？

それでも長期投資しておきたい

最近は若い世代に限らず、投資はしたいけれど、お金の余裕がないと嘆く人は少なくありません。それどころか、インフレで生活費はどんどん上がり、ますますお財布事情が厳しくなっているのが現実かもしれません。

それでも、そしてだからこそ、本物の投資をしておいた方がいいのです。本書をここまで読めば、「そうだな、やっておきたい」という気持ちになっていると思います。**今、余裕資金がないとしても、「やりたい！」という気持ちさえあれば大丈夫です。**

昔から財を成した人たちのほとんどが、それぞれに努力をして、ゼロから富を築いていきました。彼らの共通したやり方は、生活費をギリギリまで切り詰めて、少しでもお金を余らせ、そのお金をコツコツと長い時間をかけて貯めていき、大きな資産にしたのです。

その点、これから資産をつくっていこうというみなさんは、すごく有利な立場にいます。「生活費を切り詰めて、お金を余らせる」というところまでは同じですが、そこから先がまったく違います。

昔の人たちは、余分なお金を現金として、ただ貯めていきました。すごく長い時間をかけて、コツコツと現金の山を築いたのです。

でも私たちは違います。余分なお金を長期の投資にまわせるのです。そこで複利の雪だるま効果を期待できます。このパワーは本当に大きいです。

そう考えると、今、大半の日本人が大事な虎の子をゆうちょやその他銀行の預貯金に入れているというのは、実にもったいないのです。なにしろ預貯金の金利は年０・００１％ですから、ほとんどゼロ。昔の人たちがタンスや壺の中に現金をしまい込んでいたのと、なにも変わりません。

本格派の長期投資で、私たちは複利の雪だるま効果を狙える時代に生きています。本物の投資をしないのは、もったいなすぎるし、歯がゆい気持ちです。

本書を読んで、ひとりでも多くの人たちが本物の投資を始めてくれることを切に祈っています。

1か月だけ、ケチケチ生活をしてみよう

さあ、本物の投資を始めようと思った時、どうやって余裕資金をつくればいいでしょうか。

本物の投資は時間が大切です。だからといって、ギリギリに切り詰めた生活を長く続けるのは、やはり難しい。「やっぱりダメだった」で終わってしまうかもしれません。

そこで、まず1か月だけ、生活実験をしてみましょう。面白半分、ゲーム感覚でよいのです。この1か月は特別期間だと思って、毎日の生活で当たり前に使っているお金を、徹底的に節約、削減しましょう。

コンビニでつい買っていたペットボトル飲料やお菓子類を一切買わない。外食も徹底排除。必要最低限の出費だけで、1か月間乗り切ってみましょう。

そして1か月後、びっくりしませんか？「え、今月の生活費、こんなに浮いてたの？」となっているのです。今までの家計の大半は、どうでもいい無駄づかいだったことがわかります。

では、次なる作業に入りましょう。

1か月間、生活実験をして「これを削減したのは辛かった」「人生がすごくわびしい」などと感じた項目が、いくつかあったと思います。

たとえば「食後のスイーツをなくしたら、元気が出なくなった」「月に一度の映画館通いをやめたら、寂しくて辛い」というなら、その人にとって意味のある、また価値のある経費です。そういうものを削ると、せっかくの資産づくりへも意欲がなくなります。**それはみなさんの人生にとって、大事な出費なので、全面的に戻してあげます。**

それ以外の出費はどうでしょうか。バサッと切り捨てたものの、別に気にならない出費は結構あるはずです。これまで惰性でお金を使ってきただけのこと。自分にとって意味のない出費が1か月の実験で浮き出てきたと思います。それを長期の資産形成にまわすのです。

うまくいけば月に2万円から3万円くらいは浮いてくるのではないでしょうか。これを長期の積み立て投資にまわしましょう。そして、10年後、20年後、資産の膨れ上がる様子を楽しみにしましょう。

これを筆者は以前から「優雅なる節約」と言っています。長期の資産形成に入っていくにあたって、ぜひとも優雅なる節約を実践したいですね。

生命保険も見直ししよう

長期投資にお金をまわしたい。そのために家計の無駄を削るのは大事なことです。よくファイナンシャルプランナーが生命保険の見直しをアドバイスしてくれますが、それはぜひやっておいた方がいいと思います。

その前に、保険の基本的な考え方を押さえておきましょう。突然の病気、事故、死亡など、もし起こってしまったら本当に困るというリスクに対して、保険に加入し、備えるのです。

たとえば、小さな子どもを育てている親が突然亡くなったら、それは大変です。残された子どもの養育や学費にお金が必要ですが、若い親には十分な貯金はないでしょうから、遺産も残せません。こういう場合には生命保険に意味があります。

突然の病気やケガで医療費がかさんだらどうしようか。そういう心配に備えるのが医療保険です。もし自分に十分な貯蓄がなければ、医療費が払えないかもしれないので、やはり保険に意味があります。

でも、これは少し先の話になりますが、長期の資産づくりが進んでくると、いざという時でも、医療費や家族のためのお金を十分に支払えるようになります。つまり**生命保険や医療保険というのは、大きな財産をつくるまでの間のつなぎだと考えていいのです。**

本書の読者は若い人も多いので、生命保険の保障に頼る必要性もあるでしょう。その時、どんな商品を選ぶかが大切です。

掛け捨ての保険だと、たとえば全労災、県民共済など、さまざまな種類があります。大きな保障の割には毎月の掛金はびっくりするほど安いし、死亡保障、入院保障など、シンプルな設計ながら保険としては十分な内容です。

一方、大手保険会社などが勧める生命保険は、保障や運用が抱き合わせになっていて、実に多種多様な商品があります。
生保のセールスの人たちは「掛け捨てはもったいない。貯蓄型保険の方がおトクです」と勧めてくるかもしれません。また、いざという時の保障もあるし、なんとなく魅力的なサービスがついているように感じて、毎月2万円、5万円などの保険料を喜んで払ってしまうのです。

でも、そこに大きな落とし穴があります。さまざまな付帯サービスには、当然、それなりのコストがかかります。それは毎月の支払い保険料に含まれていて、決して無料サービスではありません。

もっとも気になる問題点は、毎月の保険料として支払う金額が、生命保険としての保障部分と、運用にまわす部分とに分かれていること。そのうちの運用にまわす部分の投資収益が、さまざまなサービスの原資になっています。
大手生命保険各社は、日本を代表する機関投資家です。彼らは伝統的に横並び運用が多く、運用成績もさほど高くありません。その上、投資収益を顧客への付帯サービスに充てようとするので、再投資にまわす投資収益が少ないのです。結果的に複利の雪だるま効果は限定的になります。顧客にしてみれば、運用部分での成績はさほど期待できないのです。

また大手生命保険会社はどこも大きな組織ですから、人件費などの固定費が大きなコストになっています。

これらを考えると、**大手生命保険会社に毎月支払う保険料の中には、かなり無駄な経費が含まれている**のですね。

それならば保障部分はシンプルな設計で、安価な掛け捨ての保険を選びましょう。そして、運用部分は本物の長期投資をしてくれる、専門の運用会社に任せる方が賢い選択です。

2 本格派の長期運用会社を選ぼう

安心し信頼して、ずっとお付き合いできるか

運用会社は本来、ガツガツと運用資金を集めようとはしないものです。顧客資産を集めようと営業や広告などに力を入れるのは、資産運用ビジネスとして邪道なのですね。

そんなことにエネルギーを消耗させるのではなく、運用能力の向上に経営資源の100%を振り向けるべきです。それが、顧客資産をお預かりする運用会社の矜持ですし、社会的使命でもあります。

では、運用資金はどうやって集めるのでしょうか？ それは運用実績さえ積み上がってくれば、放っておいても投資家顧客の方から資金を持ってきてくれるのです。

なぜなら、しっかりした運用成績を期待するのは、顧客である投資家の方々です。顧客自ら、安心し信頼できる運用会社を探す努力をすべきなのでしょう。

すごく高飛車に聞こえるかもしれませんが、これが資産運用ビジネスの本質です。それなのに、この四十数間というもの、世界の運用は年金を中心に、マーケティングが主体の金集めビジネスに成り下がってしまったのです。

だからといって、たいした運用実績を積み上げてきたわけでもありません。本書でずっと述べてきたように、過剰流動性の上に年金買いが重なって、世界の株式や債券市場は上昇に次ぐ上昇を続けてきました。そのカネ余りバブルに、世界の運用ビジネスが乗っかってきただけなのです。

すさまじかった世界の金融緩和バブルですが、インフレ台頭と金利上昇によって、いまや崩れ落ちようとしています。この先、あまたの運用会社の運用成績がどうなっていくか、大いに見ものです。

まず間違いなく、大多数の運用会社が淘汰されていくでしょう。**バブル崩壊の大混乱を堂々と乗り越えて、勝ち残った少数の会社こそ、本物の運用会社だと言えます。**

ともあれ、空前の金融緩和に乗って大々的な資金集めマーケティングを展開してきた運用会社は、これからが大変でしょう。株式や債券市場の崩壊によって、運用している預り資産がズタズタになってしまう可能性が高いのです。

それこそ、運用どころではなくなるでしょう。やみくもに運用資金をかき集めて、なんにでも食いつくダボハゼのような運用してきた結果なのです。

そういった運用会社には、とうてい虎の子の資産を預ける気にはなりません。本当に安心し信頼して、長くお付き合いできる運用会社がどこか、はっきりとわかる時期が来るのです。

確固とした運用哲学を持っているか

本物の資産運用会社ならば、マーケットに振りまわされることなく経済合理性を重視した運用に徹します。その最たるものが、アセット・アロケーションの切り替えをきちんと行っているかどうかです。

そう、景気や金利の大きなうねりを先取りする形で、株式→現金→債券→株式といった具合に、運用対象を切り替えていくのです。それが長期運用の基本の基本です。

ところが、**四十数年間も世界的な株高・債券高のトレンドが続いた結果、アセット・アロケーションの切り替えなど誰も口にしなくなってしまいました。**

次に大事なのは、資産形成の中心となる株式投資で鍵となる**運用哲学**です。とりわけ、長期の株式投資運用における考え方は大事です。

ここまで本書でずっと述べてきた株式投資の基本を、ちょっと整理してみましょう。次ページの図表19で示すように、株式投資には企業の利益成長というプラスアルファが乗っかってくるのです。

このプラスアルファこそが、「株式投資は財産づくりの王様」と言われるゆえんです。この利点を最大限に活用しない手はありません。

とはいえ、再現性や持続性のない一次的なプラスアルファでは困ります。やはり、きちんと世の中に富を生み出し続けてくれる企業を選ぶことが大事です。

どれだけ社会に富を生み出してくれているか、それを**付加価値**といいます。いわば、企業の社会的存在理由ですね。付加価値というものを、ざっと説明したのが、215ページの図表20です。

一般的な株式投資では、企業の利益ばかりを追いかけます。どの企業も利益を出すだけなら、人件費を削ったり設備投資などを抑えれば、いくらでも利益を増加させられるのです。

しかし、それは社会全体の経済から見ると、実はマイナスなのです。やはり、企業に問われるのはどれだけ多くの社会的な富、つまり付加価値を生み出しているかどうかです。

財産づくりの王様は株式投資だ〔図表19〕

- 株式、債券、商品、貴金属など、あらゆる投資商品は、その時々の金利水準と需給関係、そして、市場での人気によって価格が決まる
- そういった価格変動を相手に、どの投資家も財産づくりを考える
- 株式は唯一、そこに企業の利益成長というプラスアルファが乗っかってくる
- プラスアルファが上乗せされる分、株式投資は他の投資商品を圧倒した財産づくりとなっていく

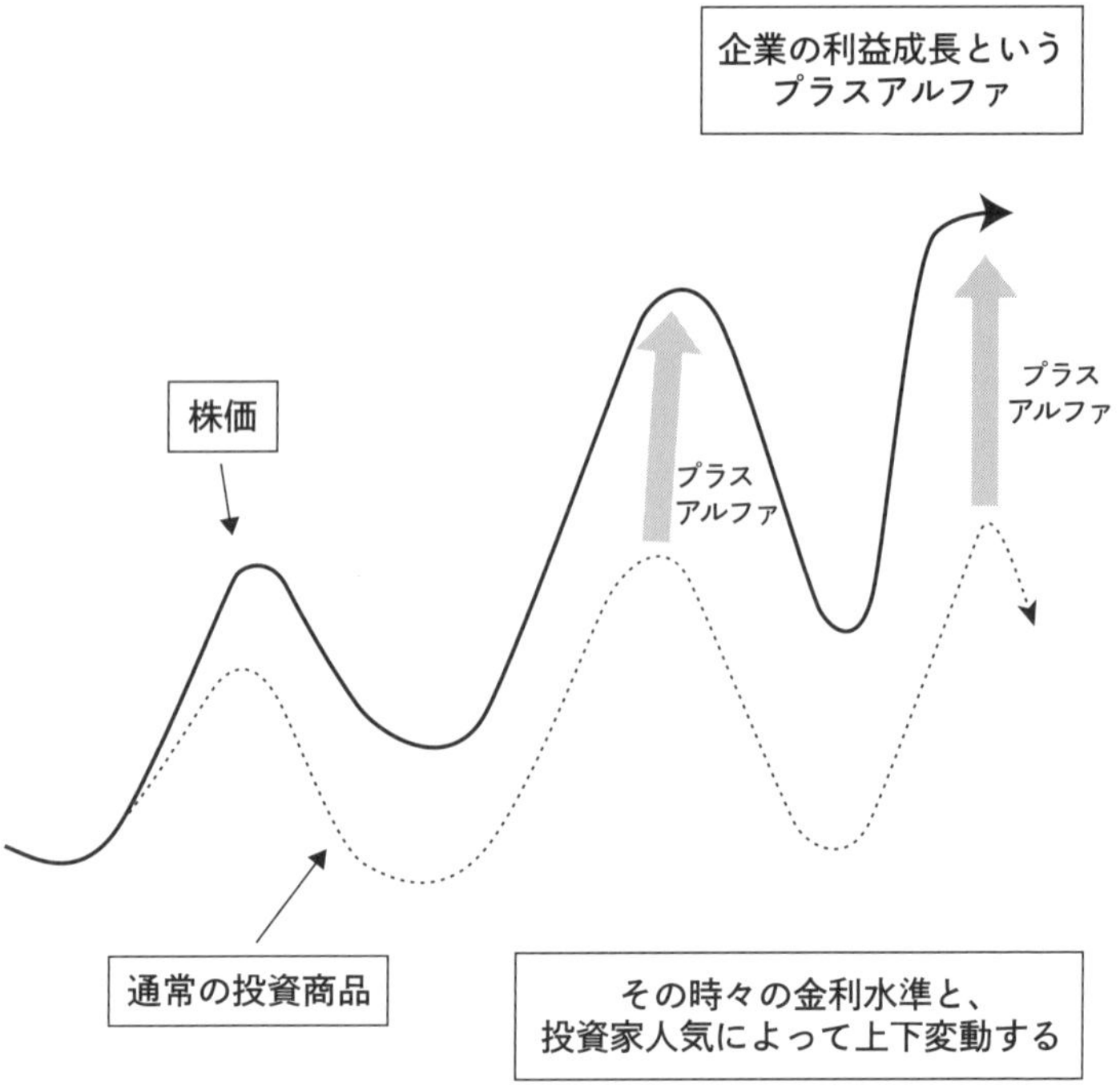

付加価値の増加こそが、投資価値の高まりである〔図表20〕

- 一般的な株式投資は機関投資家も含め、企業の利益ばかりを追いかける
- そういった利益至上主義でいくと、企業に短期視野の経営を迫まり、企業の社会的存在理由など無視となる
- それが最近のマネー資本主義の横暴につながっている
- 長期投資家は、その企業が社会にどれだけ富を生み出しているかを重視する
- それが付加価値であり、その一部が利益である

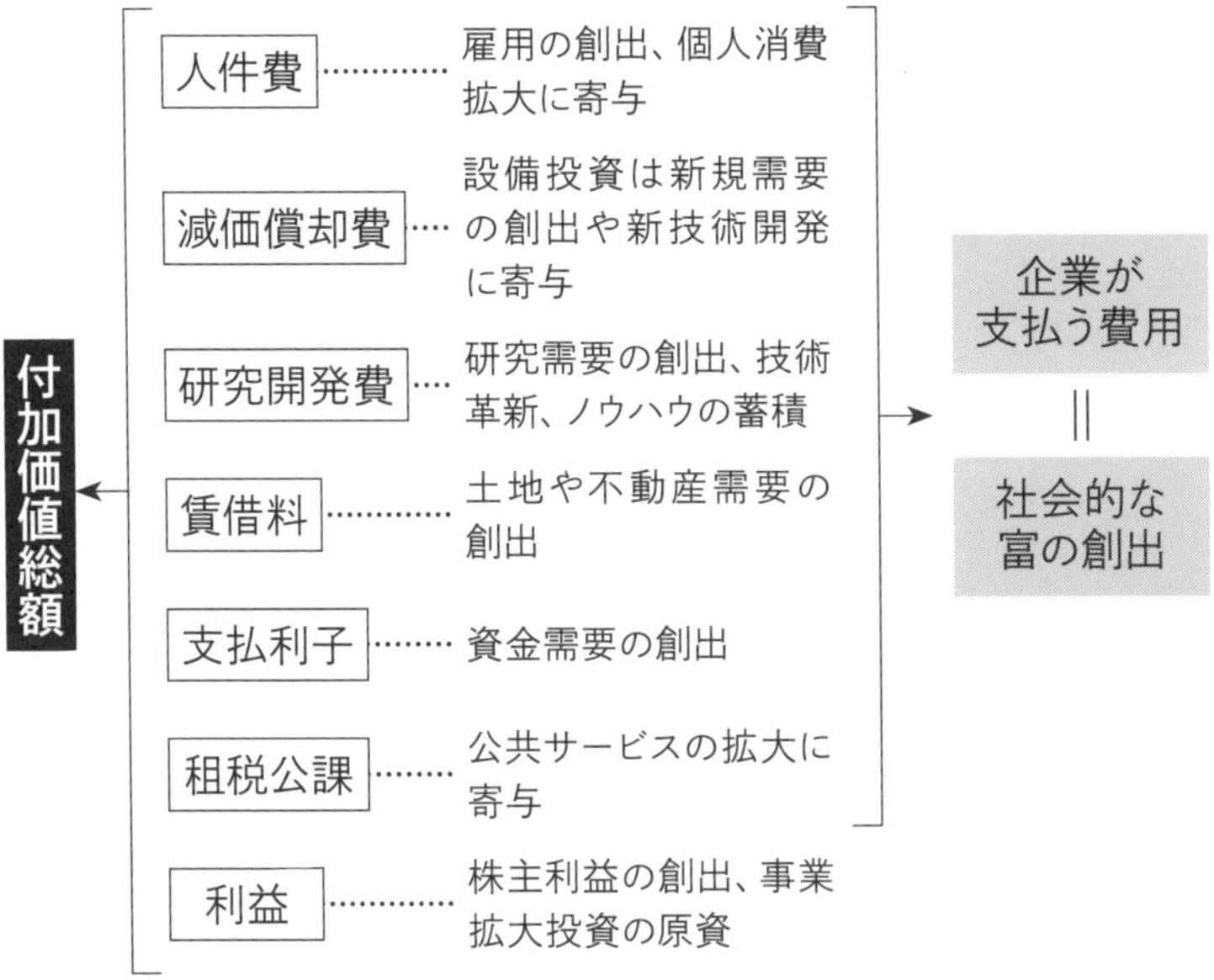

まともな企業ならば、できるだけ多くの雇用を創出し、将来に向けての拡大投資も積極的に進めることで、経済の拡大発展に貢献するでしょう。「利益がすべて」といった一般の株式投資では、豊かな社会を創っていくなど、とうてい望むこともできません。

長期の株式投資は景気回復にも貢献する

われわれ本格派の長期運用会社だけでなく、一般の生活者も、経済の拡大発展に大きな役割を果すべきです。とりわけ、不況時からの景気の立ち直りに大活躍するのが本物の投資家です。

そのあたりは、218ページの図表21をしっかり見てください。どういうことか、よく理解してもらえるはずです。

生活者にとってなくなっては困る企業を応援していこうという気持ちと意思さえあれば、不況時や株価暴落時に見て見ぬふりはできません。「ここは、なにがなんでも応援するぞ」と、大事な企業の株式を買いにいくのです。

それが結果として、株式市場を通して経済の現場に資金を投入することになります。

つまり、**民間版の景気対策**をやってのけるわけです。

もちろん、不況時や株式市場の暴落時に応援買いしても、買った代金は保有株が売れて、やれやれと安心している投資家の手に移るだけです。でも、その投資家は手にした現金で、さらなる投資をやるにしても、他の経済活動をやるにしても、とにかく次の行動に動き出せます。

つまり、経済の現場に資金がまわっていくことになるのです。どういう形にしろ、経済の現場にマネーが流れ込んでいくと、経済活動は活発化します。それが、民間版の景気対策となっていきます。

われわれ本格派の長期運用会社は、その運用活動のすべてでもって、経済の拡大発展に大きく寄与しようとしています。つまり、投資家顧客の資産をお預かりして、その運用において経済社会の発展に大活躍してもらうのです。

もちろん、読者のみなさんも自身で長期の株式投資をしてもらいたいですね。それが、219ページの図表22で示したような重要な役割を果たすことになります。

われわれ本格派の運用会社も、読者のみなさんも一緒になって、活力のある経済や豊かな社会を創っていく。それが、本格派の長期投資というものなのです。

不況時に株を買うのは、民間版の景気対策でもある〔図表21〕

■ 長期投資家は不況時や株価暴落時に買い出動する
■ そういった時は、売り逃げしたい投資家であふれているから、好きな企業を選り取りみどりでバーゲンハンティングできる
■ 同時に、株買いを通して経済の現場へ資金を投入することで、経済活動を活発化させる役割を果たす
■ この長期投資家ならではの行動をリスクマネーの供給というが、これは日本で一番欠けているもの

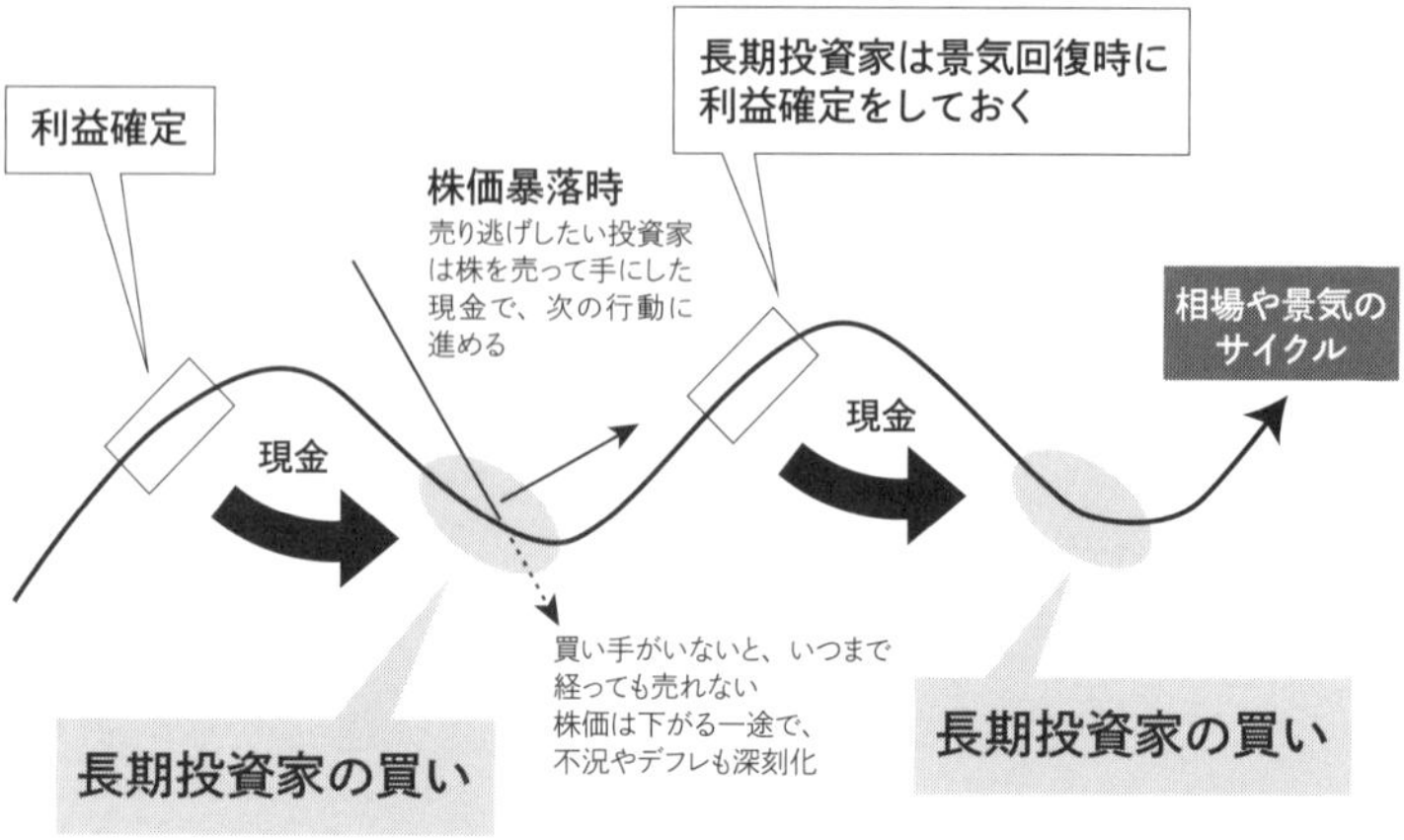

利益確定
株価暴落時
売り逃げしたい投資家は株を売って手にした現金で、次の行動に進める
長期投資家は景気回復時に利益確定をしておく
相場や景気のサイクル
現金
現金
買い手がいないと、いつまで経っても売れない
株価は下がる一途で、不況やデフレも深刻化
長期投資家の買い
長期投資家の買い

生活者投資家の役割と財産づくり〔図表22〕

■ 毎日の生活に欠かせない、なくなっては困る企業を応援する
　◇消費者として売上に貢献する
　　・そういった生活者の実需があるからこそ、企業のビジネスは拡大発展する
　　・生活者に応援される企業は、どんなことがあっても潰れない
　◇株主となって応援する
　　・応援する以上、皆が売り逃げに走る暴落相場や不況時に買い出動してくれるのが、企業にとっては一番ありがたい
　　・生活者として売上に貢献して応援するから潰れっこない。そういった企業の株主になるのだから、投資家としても怖くはないはず
　　・経済情勢や投資環境が好転し、皆が買い群ってきたら保有株を少しずつ売り上がっていく
　　・こういった本物の応援団が、企業の長期経営を支えていく
■ 応援したい企業と二人三脚で、よりよい社会を築いていく
■ 同時に、応援投資のリターンが後から積み上がっていってくれる
　◇なにがあっても潰れっこない企業の応援株主となることで、安全かつ着実な財産づくりとなっていく
　◇応援リターンの (A)(B)(C)……を再投資していく複利効果で、財産は大きく積み上がる

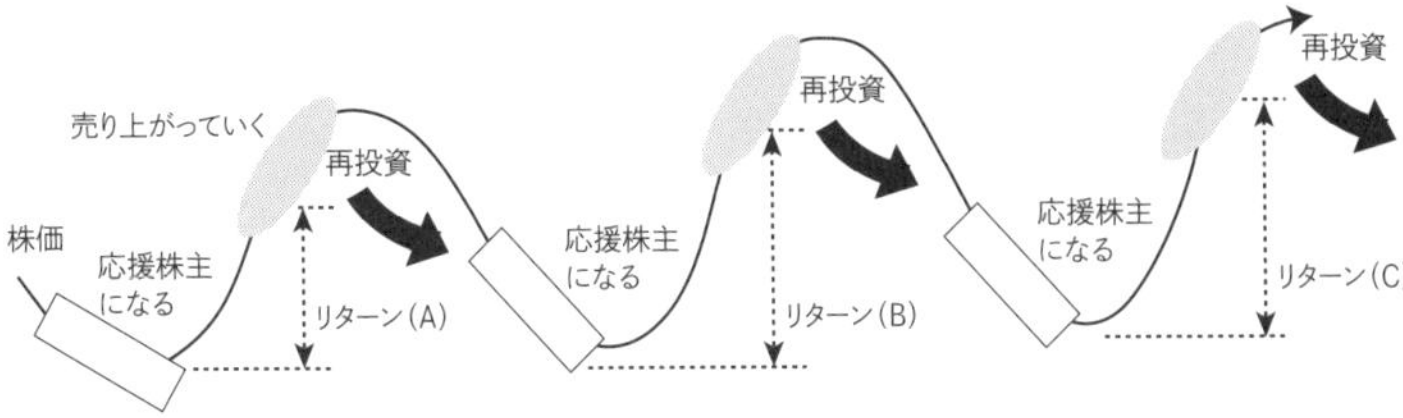

3 カッコよく、お金を使おう

ファイナンシャル・インデペンデンス

本格的な長期投資を着々と進めていくと、「これくらいの金融資産があれば、人生安心だ」と思っていた目標水準をいつか超えてきます。

この状態を**「ファイナンシャル・インデペンデンス」**といいます。そこから先は、もうお金の心配をする必要がありません。お金というものから自由になれるのです。

その人の生活コストや望む暮らし方、家族構成などによって、目標水準は千差万別ですが、一般的には3000万円から1億円の間くらいの金額があれば、この境遇に達せると思います。

若い読者からすると、遠い夢のような話に感じるかもしれません。でも大丈夫。**若い人たちには、時間という最強の味方がついているのです。**頑張れば、間違いなく実現できます。

「ファイナンシャル・インデペンデンス」に到達すると、人生のすべてに余裕が生まれます。

会社の中で働いていても、人事評価など意識することなく、自由に伸び伸びと仕事ができます。もちろん組織的な不正などには、断固として反対できます。たとえ、それが理由で会社を去ることになっても、経済的な不安はありませんよね。

フリーランスで働いていたら、やはり気持ちが楽になります。生活費を稼ぐために、どんな仕事でも引き受けるという境遇から脱皮できるのです。自分が本当にやりたい仕事だけを選んで、そこに集中できます。

仕事を好きに選べるというのは、最高にありがたい境遇です。専門的な仕事であれば、生活のために数をこなして、駄作の山に埋もれることはありません。無理なく、自分にとって重要な作品制作に集中できるのですから、人生は大きく変わります。

それもこれも、財産づくりを本格的な長期投資に乗せているからこそ可能なのです。

再現性のある本格的な長期投資を続けていれば、お金がしっかりと働いてくれます。これが、一般的な投資のように、マーケットを相手にしていると「安心」という境地には達せません。

自分のことは、もう安心できたのだから

「ファイナンシャル・インデペンデンス」に到達すると、人生のあらゆる部分で安心できます。これは素晴らしい状態ですが、実はまだ、第1段階に過ぎません。ここから読者のみなさんの人生は、第2段階に入っていきます。

本格的な長期投資を長く続けていくと、資産増加のスピードがどんどん加速していきます。複利の雪だるま効果が、ますます力を発揮するのです。

「これくらいの金額があれば安心だな」という部分を超えた先で、資産の増加がさらにスピードアップして、金銭的資産がどんどん膨れ上がってきます。その勢いには、きっと驚くのではないでしょうか。

ここで、新しい課題が浮かび上がってきます。大きくなっていく資産を眺めながら、満足感に浸っているだけで、果たして幸せになれるのでしょうか。

もちろん、これまで長い時間をかけて、頑張って育ててきた資産を大事にしたいと

思うのは当然のことです。本格的な長期投資で築き上げた金融資産は安定度も再現性も高く、大きく目減りする不安はそれほど大きくありません。むしろ、どんどん膨れ上がる可能性の方が高いです。

使い切れないほど増えていく資産を前に、どうするか。ファイナンシャル・インデペンデンスを達成したあとの、新しい挑戦が始まるのです。

経済的自立を成し遂げた読者のみなさんが、今度は世の中や社会によかれと思う方向で、膨れ上がっていく資産を使っていきます。次は、世の中や社会のファイナンシャル・インデペンデンスをお手伝いするのです。そう、いよいよ「カッコよくお金を使っていく」ステージに入っていくのです。

このあたりを図式化したのが次ページの図表23です。ぜひイメージを持ってください。

本書をここまで読んできたみなさんなら、もう納得しているでしょう。経済というものは、お金を使うところから始まります。お金は抱え込んではいけない。どんどん使うことで、経済は拡大発展していくのです。

ファイナンシャル・インデペンデンスに達成した今、今度は世の中や社会のために、

ファイナンシャル・インデペンデンス〔図表23〕

- 経済的に自由になった状態
- このぐらい金融資産があれば、老後不安も年金不安もない
- その先では、カッコよくお金を使おう

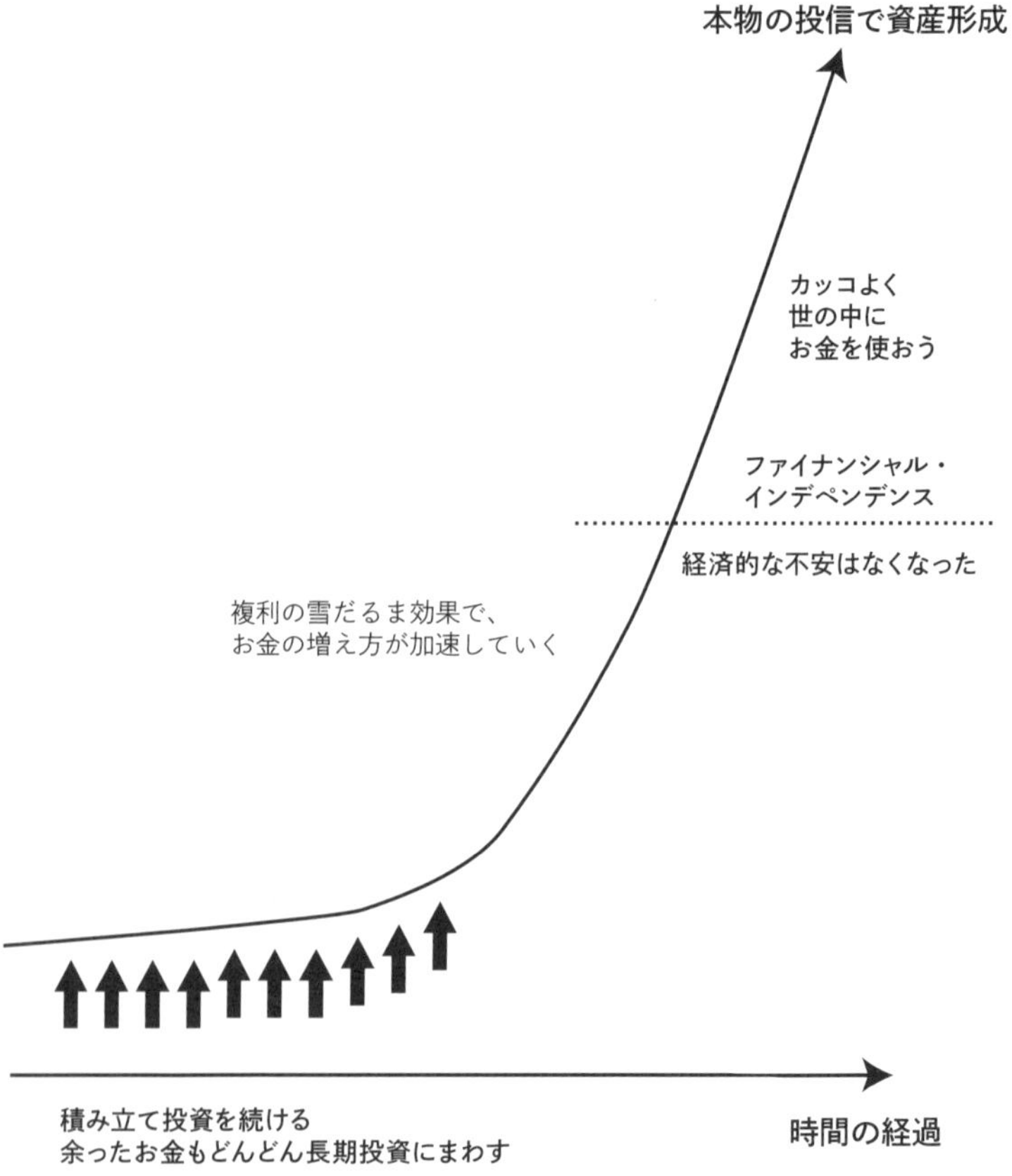
本物の投信で資産形成
カッコよく
世の中に
お金を使おう
ファイナンシャル・
インデペンデンス
経済的な不安はなくなった
複利の雪だるま効果で、
お金の増え方が加速していく
積み立て投資を続ける
余ったお金もどんどん長期投資にまわす
時間の経過

もう一度お金に働いてもらう。それが経済の拡大発展につながっていくし、まわりまわって、自分のファイナンシャル・インデペンデンスも盤石なものになっていきます。

ありがとうの言葉とともに、増えて戻ってくる

長い時間をかけて、コツコツと大きくしてきた自分の大事なお金です。よく考えて使わないと、お金に申しわけありませんね。

その時に大切なのは、気持ちの満足、心の贅沢ということを意識すること。そういった方向でなら、しっかりと自分の思いや意思をお金に乗せられます。

注意しないといけないのは、第４章で書いた金融バブル成り金たちの、哀れな末路と同じ道をたどらないようにすることです。彼らはただただ、お金にあかせて贅沢にふけり、享楽的な生活に明け暮れています。そういうものは浪費であって、投資ではありません。彼らの財産もまた、バブルが弾けたら消えてしまうような存在です。

お金というのは不思議なもので、世の中によかれと願って働いてもらうと、「ありがとう」という言葉とともに、増えて戻ってくるのです。ところが、自分の享楽や贅

沢にふけると、あっという間にお金は消えてなくなっていきます。それが成り金たちの末路なのです。

私たちは大事なお金にしっかりと働いてもらい、ファイナンシャル・インデペンデンスを果たしました。その先で、カッコよくお金を使う。間違えても、やみくもにお金を使うのではなく、夢や思い、そして意思を持ってお金に働いてもらうのです。

そのためにも、読者のみなさんそれぞれが、**「これなら本当に価値があるな」と思えるお金の使い方を勉強しましょう。**ここのところをいい加減にしてしまうと、無駄づかいになってしまうし、自分の財産に申しわけがありません。

せっかく学んで、実践してきた本物の投資からも、大きく逸脱してしまいます。そして、いつかファイナンシャル・インデペンデンスそのものも崩れ去っていきます。それまでの長い長い頑張りが、元も子もなくなるのです。

お金をまわしていこう

今、手もとでどんどん増えていくお金を前にして、それをどう使っていくのか。それは、ここまで学んできた本物の投資と同一線上にあります。

第1章で書いた文章を、ここでもう一度復習してみましょう。

「将来に向けて、世の中に役立つような仕事をする企業の株式を買い、手放したお金にしっかりと働いてもらいます。そして将来の投資リターンを期待して、静かに待つというわけです。

あらゆる経済活動は、お金に働いてもらい、世の中に喜んでもらうことで成り立っています。その結果、世の中からの感謝が「報酬」という形となって戻ってくるのです。その好循環で経済が拡大発展し、社会が豊かになっていきます」

ファイナンシャル・インデペンデンスに到達したら、この基本をぜひ思い出してください。儲けよう、稼ごうではなく、「どうぞ、このお金を役立ててください」という気持ちで、世の中や社会へ提供していく。それが本物の投資だと学んできました。

ファイナンシャル・インデペンデンスを達成し、カッコよくお金を使うにあたっても、本物の投資から一歩も離れません。世の中によかれと思う方向へ、お金をまわしていくのです。

具体的には、**文化・教育・芸術・スポーツ・技術開発・寄付・NPO・ボランティ**

アという方向で、自分の気持ちの満足や心の贅沢を見つけていきましょう。自分の心が納得すれば、どんな方向性でも分野でもかまいません。

たとえば読者のみなさんが寄付をするとしましょう。

日々の生活にも苦しんでいる人たちに寄付がまわれば、今日はおなかいっぱい食べられるし、ボロボロの服を新調できるしと、すごく喜んでもらえます。同時に、その喜びが消費に直結し、経済活動のプラスになります。

音楽家やスポーツマンに寄付がまわると、どうなるでしょう。彼ら彼女らは音楽やスポーツが本当に好きだからこそ頑張っています。でも、大半の人は生活が相当に苦しいのが現実です。高給を得て、マスコミの話題になるのは、ほんの一握りのエリートに過ぎないのです。

音楽家たちに寄付がまわれば、新しい楽譜を買ったり、やりたかったコンサートを開催できると大喜びです。スポーツマンたちは、たとえば使い古したシューズを新しいものに替えられて、やはり大いに喜ぶでしょう。しかも、それらは即座に消費へとつながり、経済がまわっていきます。

寄付をすることで多くの人々に喜ばれ、その生活をサポートするのと同時に消費を発生させて、経済活動を拡大発展させることができるのです。

これぞ、まさしく「投資」です。**寄付は、単に慈善事業ではなく、富の再配分を通して、社会をより公正公平なものに導き、経済を拡大発展させるという大切な役割を果たしています。**社会が安定して、より住みやすく、豊かになっていくのです。

もちろん、寄付以外のお金のまわし方でもかまいません。ファイナンシャル・インデペンデンスを達成した読者のみなさんが、本当の投資の考え方から離れず、カッコよくお金を使い出せば、世の中や社会はどんどん潤いのあるものになっていきます。

と、ここまでが第2段階です。実は、まだ先があるのです。

このあたり、預貯金にしがみついたままの人たちに学んでもらいたいのです。次ページの図表24で示しましたが、預貯金の1％でも3％でも寄付にまわれば、日本経済は即座に元気いっぱいとなるのです。

大人らしい大人が、たくさんいる社会に

最近、世の中を見渡すと、大人らしい大人が少なくなっていると思いませんか？

いい年をした人たちが「老後不安だ、年金は大丈夫か」など、自分のことばかり心配

預貯金の1％でも3％でも寄付にまわすと〔図表24〕

- 年0.001％前後の利子では、100万円の資産を2倍の200万円にするのに、1万年もかかってしまう
- どうせ財産づくりどころではない。だったら、預貯金の1％でも3％でも寄付にまわしてみよう
- 日本では生活が苦しく、十分に食べていけない人がいっぱいいる
- 芸術家やスポーツマンは結構ギリギリの生活をしている
- そういった人たちのところへ寄付がまわれば、おなかいっぱい食べたり、楽譜を買ったり、シューズを買ったりといった消費が即座に発生する
- その消費が、日本経済を1.8％あるいは5.4％成長させることになる

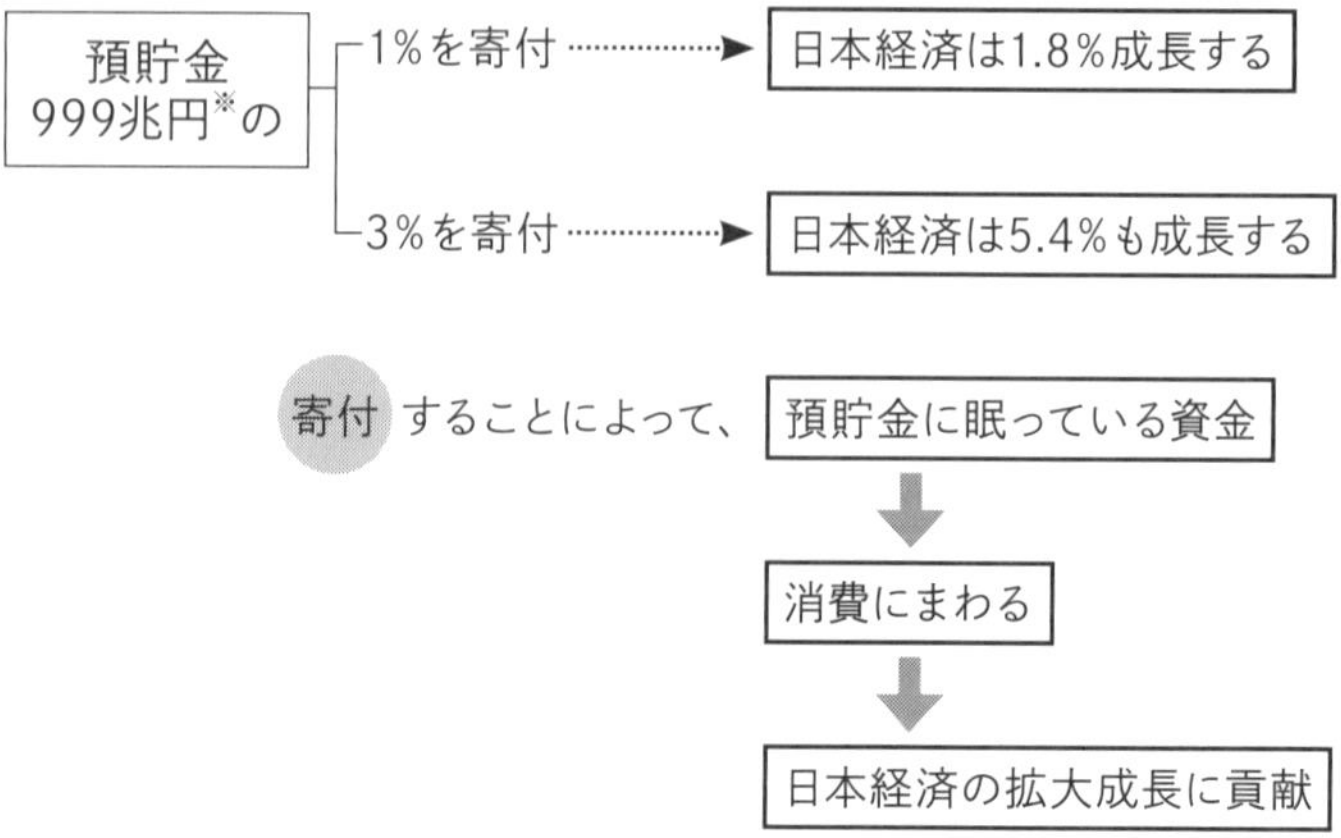

※日銀速報2023年3月末

しています。

それが現代社会の実情ではありますが、いかにもだらしない。筆者も同じような年回りではあるけれど、彼らに自分の親たちのことを思い出せと言いたくなります。

われわれ戦後すぐの世代は、みんなが貧しかったし、親たちは朝早くから夜遅くまで、働きづめに働いてくれました。親たちは家族の生活を守るため、子どもたちを育てるためにと、それこそ自分のことなどほったらかしもいいところだったのです。

そのおかげで、私たちは今、豊かな生活を送れるようになりました。なんともありがたいことだと思います。**このありがたさは、次の世代のためにお返ししなければならないと強く思います。**

ところが、いい年をした大人たちの多くはどうでしょうか。その昔、親たちがどれほど自分たち子どものために頑張ってくれたかなど、コロッと忘れて、自分のことばかり言いつのるだけ。「だらしない！」と、思わず声を荒らげたくもなります。

そうは言っても、生活環境が厳しくなっているし、人生１００年時代で、余裕がなくなっている。そんな反論があるかもしれません。それでも、少しは大人らしい大人に出会いたいものだと切に願っています。

ですから、読者のみなさんには大いに期待しています。しっかりと本格的な長期投資を続けて、ファイナンシャル・インデペンデンスに到達する。その上で、どんどん増えていくお金を世の中にまわしていきましょう。

自分のことだけに終始せず、いつも世の中や社会に向けて「自分はなにができるのだろうか」と問いかけ、気がついたらサッと行動に移す。そういうカッコいい大人になっていくのです。

この日本で、そんな大人らしい大人がいっぱいいる社会を創っていけたら、どれだけ素晴らしいことでしょうか。そこで大きくなっていく子どもたちには、素敵な人生のお手本と、未来を明るく照らす、豊かな社会をプレゼントできます。これが、まさしく大人の責任です。

経済的に自立し、手もとに生まれた余裕資金を、社会にどんどんまわしていく。そういうことが自然とできる大人らしい大人がいっぱいいる社会を、子どもたちに残していきましょう。これが第3段階です。

長期投資の先に広がる、堂々として、かつ、しっとりと潤いのある社会を、ぜひ一緒に築いていきましょう。

第5章のまとめ

お金に余裕がなくても長期投資はやろう

・1か月だけ、ケチケチ生活をして、無駄な出費を見つけよう
・生命保険も見直して、余裕資金を長期投資にまわす

カッコよく、お金を使う人になろう

・長期投資を続ければ、ファイナンシャル・インデペンデンスに到達できる
・コツコツと大きくした大事なお金は浪費ではなく、世の中のために使う
・寄付にまわしたお金は即座に消費につながり、経済がまわる
・寄付は慈善だけではなく、富の再配分と社会の安定につながる行動
・社会に向けて「自分はなにができるのか」を考える大人になろう

おわりに

明治の頃から、日本人は４つの教えを叩き込まれてきました。**まじめに働きなさい。必要なものは買う。無駄づかいはしない。**そして、**余ったお金は貯蓄しなさい、**です。

この教えが完璧に機能して、日本経済は大躍進を遂げました。国民の生活も豊かになったのです。

実は、この教えは国全体が貧しい間でこそ役立ちました。国民の生活が豊かになると、たちまちブレーキがかかってしまったのです。なにしろ、生活に必要なものは、もうほとんど手に入りました。家電など耐久消費財は買い換え需要が中心です。それで消費が一気に落ち込んでしまい、経済も伸びません。

これは成熟経済に特有の悩みです。一番の問題は、もう買いたいものがないといって、国民がお金を使わなくなることなのです。

そこで悩ましいのが、明治以来の**無駄づかいはしない、余ったお金は貯蓄しなさい**の教えです。事実、日本人の預貯金額はどんどん積み上がっていっていて、それが日本経済の「失われた30年」につながっています（２３７ページ図表25参照）。

かつて高度成長期までは、消費に向かっていったお金です。国民の旺盛な消費が工場建設など企業の設備投資につながって、日本経済をどんどん成長させました。

そのお金が、いまや預貯金に眠ってしまっています。やっかいなことに、ゼロ金利で利子収入がないも同然だから、経済全体でみるとまったくの無駄になっています。

では、どうしたらいいのでしょうか？

国民がモノを超えたお金の使い方を学ぶ必要があります。モノを次々と手に入れる段階を卒業して、心の贅沢や気持ちの満足といった方向で、お金をどんどん使うことです。そして、本物の投資でもってお金に働いてもらうことが重要です。生活者にとって大事な企業を応援しようと、暴落相場時を待って株式投資にまわす。そのお金が経済の現場にまわっていって景気回復などを早めてくれます。

そう、モノを超えた満足にお金を使っていく文化を広めつつ、どんどん本物の投資をすることです。この2つの方法で、日本経済を大復活させようではありませんか（238ページ図表26参照）。

もう国に頼ってはいられない。読者のみなさん一人ひとりが自助自立の精神を高め、意識して日本経済を活性化していきましょう。最後に239ページの図表27をじっくり見てください。私たちの積極的な行動が、よい未来を創り出していくのです。

最後になりましたが、本書を執筆するにあたって、馬場千枝さんに大貢献してもらいました。先ずは筆者が本文を書き上げ、それを馬場さんが「やさしい文章」にリライトしてくれたのです。

おかげ様で、読みやすい一書に仕上がりました。感謝いたします。

２０２３年夏　澤上篤人

明治からの教えが、ブレーキとなっている〔図表25〕

明治の大発展にも、戦後復興から高度成長期にも、大正解だった

国民の当然な行動は、

まじめに働こう	➡ 経済発展の基本の基本
必要なモノは買っていこう	➡ 旺盛な消費で経済成長に大貢献
無駄づかいはしない	➡ 経済建設に向けて最大の資金源となっていった
余ったお金は預貯金に	➡ 郵便貯金が財政投融資に、銀行預金が企業融資にまわっていった

ところが、成熟経済になってくると

国民の当然な行動は、

まじめに働こう	➡ 相変わらず日本人はまじめに働いているが、将来不安は増している
必要なモノは買っていこう	➡ もう買うモノがなくなって、お金を使わない └→ **消費の減退で成長率鈍化**
無駄づかいはしない	➡ お金を抱え込んでしまう └→ **経済の現場へお金がまわらず、日本経済の伸び悩みの主因に**
余ったお金は預貯金に	➡ 預貯金残高だけが膨れ上がっている └→ **超低金利・ゼロ金利で利子収入はないも同然、なんのプラスにもなっていない**

モノへの消費を超えて、生活の豊かさに
お金を使う文化がまったく育っていない

お金をまわす文化を高めていく、それが成熟経済の活性化だ〔図表26〕

お金を、カッコよく使おう!!

長期投資に

●株価下落時、生活者に大事な企業の応援株主となる

皆が売り逃げに走る中、経済の現場に資金を供給する役割を果たす

モノを超えた価値に

●心の贅沢や気持ちの満足という方向で、お金を使う価値を実感しよう

文化、教育、芸術、スポーツ、技術開発、NPO、ボランティアなどの分野で新しい産業が生まれていく

寄付に

●善意ある人々による、富の再分配となる

まわしてあげたお金で、消費は拡大する

どれもこれも、経済の現場にお金がまわっていき、日本経済や社会の活性化につながる

お金を意識的に使おう——それで成熟経済は拡大成長する〔図表27〕

■ 発展段階から高度成長期は、国民が耐久消費財を買い揃えたいとする旺盛な需要が爆発し、放っておいても経済は成長する

■ 成熟経済の段階に入っていくと成長率は鈍るものの、国民の高水準な生活需要と買い替え需要とで、すでにでき上がっている巨大な経済規模はそれなりに保たれる

■ ところが経済は生きものだから、「現在の生活水準を維持できればいいや」と言っていると、徐々に成長力が鈍り活力が失われていく。結果として、将来不安が高まる悪循環に入ってしまう

■ そこで問われるのが、国民が意識してでもお金を使って、成長率を上乗せさせようとすることだ

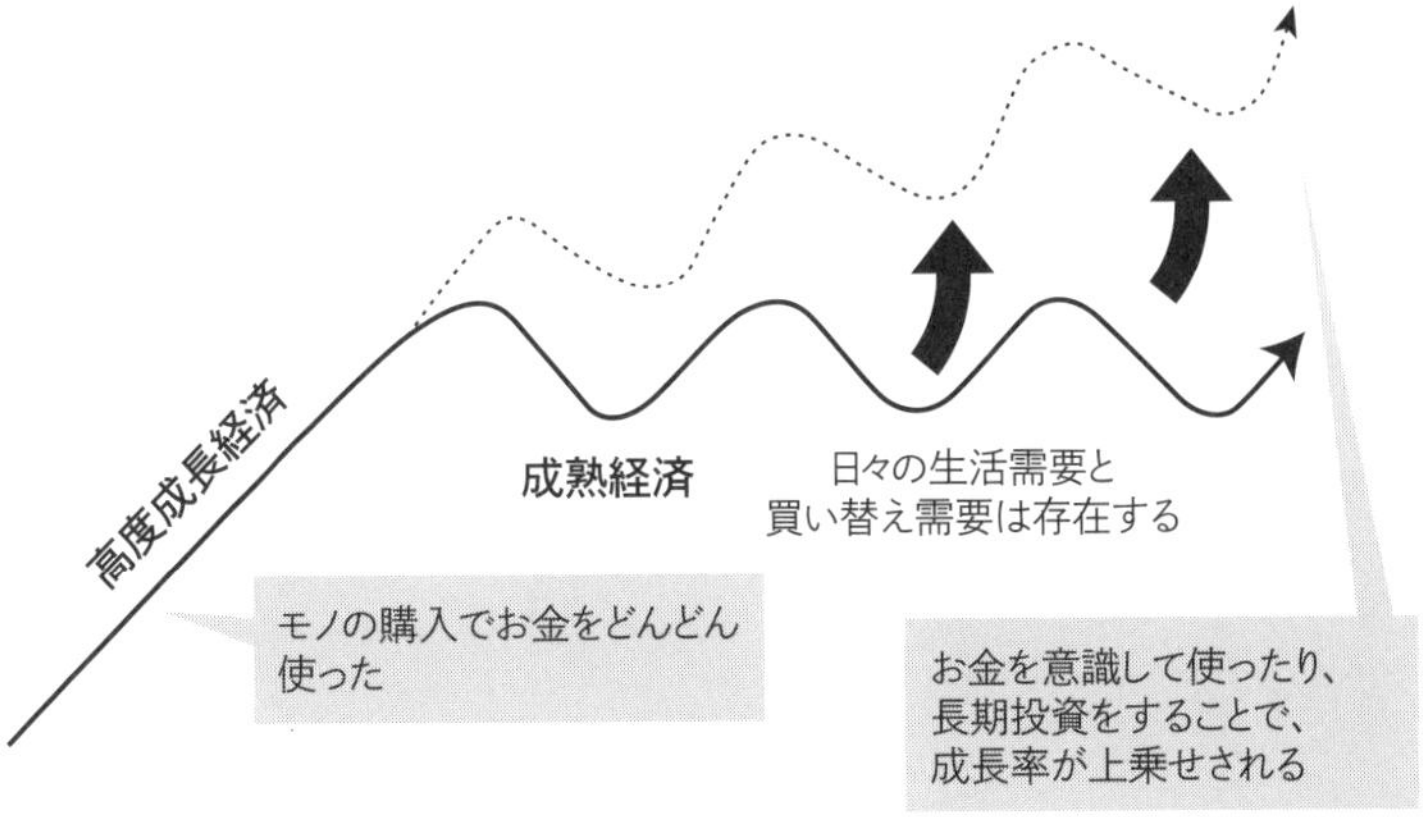
高度成長経済
成熟経済
日々の生活需要と
買い替え需要は存在する
モノの購入でお金をどんどん
使った
お金を意識して使ったり、
長期投資をすることで、
成長率が上乗せされる

澤上篤人（さわかみ　あつと）

◆プロフィール

株式会社さわかみホールディングス代表取締役

71年から74年までスイス・キャピタル・インターナショナルにてアナリスト兼ファンドアドバイザー。その後、80年から96年までピクテ・ジャパン代表を務める。96年にさわかみ投資顧問（現・さわかみ投信）を設立。99年には「さわかみファンド」を設定。これまで「さわかみファンド」1本のみの運用で純資産は3800億円、顧客数は11・8万人を超え、日本における長期運用のパイオニアとして熱い支持を集めている。昨今は成熟経済を活性化すべく、「カッコよいお金の使い方」を提唱し、そのモデルとなるべく財団活動も積極的に行っている。

書籍は新著『暴落相場とインフレ　本番はこれからだ』（明日香出版社）など多数。

これが投資《とうし》のスタンダード

20代《だい》・30代《だい》必読《ひつどく》‼　インフレ時代《じだい》を生《い》き抜《ぬ》く

長期投資《ちょうきとうし》メンタル

二〇二三年九月二〇日　初版印刷
二〇二三年九月三〇日　初版発行

著　者……澤上篤人
発行者……小野寺優
発行所……株式会社河出書房新社
〒一五一－〇〇五一　東京都渋谷区千駄ヶ谷二－三二－二
電話〇三－三四〇四－一二〇一（営業）〇三－三四〇四－八六一一（編集）
https://www.kawade.co.jp/

構成……馬場千枝
デザイン・ＤＴＰ……原沢もも
編集……菊池企画
企画プロデューサー……菊池真
印刷・製本……三松堂株式会社

Printed in Japan　ISBN978-4-309-29337-0